Rolf Esser

Arbeitsblätter
Grammatik
FÜR DIE SEK. I

Wortarten

Zeitformen

Satzbau

 **Verlag an der Ruhr**

Impressum

Titel: Arbeitsblätter Grammatik für die Sek. I
Wortarten, Zeitformen, Satzbau

Autor: Rolf Esser

Druck: Druckerei Uwe Nolte, Iserlohn

Verlag: **Verlag an der Ruhr**
Postfach 10 22 51, D–45422 Mülheim an der Ruhr
Alexanderstraße 54, D–45472 Mülheim an der Ruhr
Tel.: 02 08 – 439 54 50 Fax: 02 08 – 439 54 239
E-Mail: info@verlagruhr.de
www.verlagruhr.de

© **Verlag an der Ruhr 2001**
überarbeitete Neuauflage 2003
ISBN 978-3-86072-622-8

geeignet für die Klasse **5 6 7 8 9 10**

*Die Schreibweise der Texte folgt der neuesten Fassung
der Rechtschreibregeln – gültig ab August 2006.*

Gedruckt auf chlorfrei gebleichtes Papier.

Inhaltsverzeichnis

 **Die WORTARTEN**

Inhaltsverzeichnis

Die ZEITFORMEN

Der SATZBAU

Lösungen ab S. 145

Liebe Kolleginnen und Kollegen!

Es war fast zwangsläufig so, dass nach dem Erfolg der *Arbeitsblätter Deutsch* irgendwann ein ähnliches Werk folgen musste. Nahe liegend bei der bewährten Konzeption der Arbeitsblätter-Serie war das Thema „Grammatik", da gerade in diesem Bereich der Arbeitsaufwand für die Kollegen oftmals besonders hoch ist. Mal mangelt es an geeigneten Sprachbüchern, mal sind die vorhandenen für die jeweilige Lerngruppe unbrauchbar, mal fehlt der schnelle Zugriff auf Material für dringend gebotene Wiederholungen.

So sind die *Arbeitsblätter Grammatik für die Sek. I* genau richtig, um für alle Fälle der formalen Seite des Deutschunterrichts gerüstet zu sein. Sie erheben nicht den Anspruch, vollständig zu sein und komplettes grammatikalisches Wissen zu vermitteln. Wer will das schon in der Sekundarstufe I? Der Ansatz ist pragmatisch. Die Schüler* sollen befähigt werden, grundlegende Elemente der deutschen Sprache aufzunehmen, ohne dabei schon im Ansatz überfordert zu werden. Wer einmal eine traditionelle Grammatik durchgesehen hat, weiß, was gemeint ist. Gleichzeitig sollen die Kolleginnen und Kollegen angeregt werden, trotz aller bekannten Misserfolge und Frustrationen der Grammatik ein wenig mehr Raum im Deutschunterricht einzuräumen und den allgegenwärtigen Sprachkannibalen nicht das Feld zu überlassen.

Grammatik im Deutschunterricht unter Einsatz der *Arbeitsblätter Grammatik für die Sek. I* sollte nicht bedeuten, die Schülerinnen und Schüler nun mit Materialien zuzuschütten. Auch hier ist weniger mehr. Grundlage einer erfolgreichen Arbeit muss die Regelmäßigkeit sein. Die Wiederholung muss immer wieder bereits Gelerntes aufgreifen und Neues fast unmerklich einweben. Grammatikunterricht in dieser Form konsequent durchgeführt, erzeugt fast automatisch ein spiralförmiges Curriculum.

Nun schreibt sich das leichter, als es sich oft genug in der konkreten Lernsituation vor Ort durchführen lässt. Was ist zu tun? Die *Arbeitsblätter Grammatik für die Sek. I* bieten über weite Strecken die Möglichkeit der Selbsterarbeitung grammatischer Themen durch die Schülerinnen und Schüler.

Sie können daher ganz oder in Teilen durchaus in der Klasse für die Freiarbeit bereitgestellt werden. Stehen zum Beispiel die Wortarten auf dem Lehrplan, so kann die Auflage an die Schülerinnen und Schüler darin bestehen, pro Woche ein Arbeitsblatt dazu selbstständig durchzuarbeiten.

Die Arbeitsblätter sind so gestaltet, dass eine klare und verständliche Gliederung des Regelwerkes – unmittelbar angebunden an Beispiele und erste Übungen – die Sofortarbeit erlaubt. Weiterführende Übungen dienen der Festigung des Stoffes. Hin und wieder kommt auch das spielerische Element nicht zu kurz. Zudem wurde auf Textvielfalt geachtet. Der Wissensstand der Lerngruppe kann durch periodische Unterrichtsgespräche unter Verwendung der Vorlagen für die OH-Projektion zusammengeführt werden.

Natürlich lassen sich die *Arbeitsblätter Grammatik für die Sek. I* auch kursorisch einsetzen. Schon allein die Kapiteleinteilung in Wortarten, Zeitformen und Satzbau bietet dies an. Natürlich werden nicht alle Wortarten im Rundumschlag behandelt. Denkbar ist die Beschränkung: etwa auf die veränderlichen Wortarten, speziell um die Deklination zu erfassen oder – im Zusammenhang mit der Wortart Verb – sich der Konjugation zu widmen.

Nicht zuletzt sind meine Arbeitsblätter immer auch für den Ad-hoc-Einsatz gedacht. Wem schadet es denn schließlich, wenn man als Vertretungseinsatz ein Rätselblatt mit in die Klasse nimmt, das am Ende ein wenig grammatischen Stoff vermittelt?

In diesem Sinne wünsche ich Ihnen und Ihren Schülern einen konstruktiven Unterricht mit wohl dosierten Grammatikeinlagen.

---

* Aus Gründen der besseren Lesbarkeit haben wir in diesem Buch durchgehend die männliche Form verwendet. Natürlich sind damit auch immer die Frauen und Mädchen gemeint, also die Lehrerinnen, Schülerinnen etc. Wir bitten daher unsere Leserinnen, sich ebenso angesprochen zu fühlen.

Die
WORTARTEN

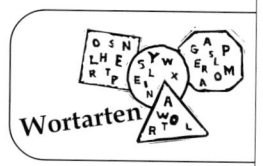

OHP-Übersicht

VERÄNDERLICHE WORTARTEN	UNVERÄNDERLICHE WORTARTEN
DEKLINATION	
Substantiv **Artikel** **Adjektiv** **Pronomen** **Numerale**	**Adverb** **Präposition** **Konjunktion** **Interjektion**
KONJUGATION	
Verb	

Aufgaben:

1. Schreibe für jede Wortart drei Beispiele auf.

2. Erkläre den Unterschied zwischen Deklination und Konjugation.

3. Dekliniere die entsprechenden veränderlichen Wortarten.

4. Konjugiere zwei Verben in allen Zeiten.

■ Beispiele

Das Verb (Zeitwort, Tätigkeitswort)
⤳ *Beispiel:* Jürgen **wohnt** und **arbeitet** in München.

Das Substantiv (auch: Nomen; Namenwort, Dingwort, Hauptwort)
⤳ *Beispiel:* **Michael** schenkt seiner **Frau** zum **Geburtstag** eine **Schallplatte.**

Das Adjektiv (Eigenschaftswort, Artwort, Beiwort)
⤳ *Beispiel:* Inges **rotes** Kleid ist **neu.**

Begleiter und Stellvertreter des Substantivs

Der Artikel (Geschlechtswort)
⤳ *Beispiel:* **Das** Boxen ist **eine** gefährliche Sportart.

Das Pronomen (Fürwort)
⤳ *Beispiel:* **Ich** pflege **dieses** Hobby seit **meiner** frühen Jugend.

Das Numeral (Zahlwort)
⤳ *Beispiel:* **1977** belegte der **1.** FC **drei** Monate den **ersten** Platz.

Die Partikeln (unveränderliche Wortarten)

Das Adverb (Umstandswort)
⤳ *Beispiel:* **Dort** gefällt es mir **besonders** gut.

Die Konjunktion (Bindewort)
⤳ *Beispiel:* Hans **und** Inge fehlten, **weil** sie krank waren.

Die Präposition (Verhältniswort)
⤳ *Beispiel:* **An** diesem Abend war er erst **um** 24 Uhr **nach** Hause gekommen.

Die Interjektion (Ausrufewort, Ausdruckswort, Empfindungswort)
⤳ *Beispiel:* **au, ach, brr, hei, hoppla**

Aufgabe:

Bestimme die Wortarten des folgenden Textes.
Schreibe ihn zunächst in dein Heft und lasse jeweils eine Zeile
zum Unterstreichen und Bestimmen frei. Lege anschließend
eine Wortartentabelle an, in die du die Wörter des Textes einträgst.

Die diesjährige Klassenfahrt dauerte fünf Tage und fand Anfang Juni statt. Da das Wetter mitspielte, war der Surfkurs ein voller Erfolg. Jeder Teilnehmer fiel nach glaubwürdiger Aussage des Klassenlehrers durchschnittlich 127 Mal ins Wasser. Alkohol soll dabei keine Rolle gespielt haben. Die Woche der Sportlichkeit ging mit einer Surf-Regatta zu Ende. Der Dreieckskurs wurde in Schlangenlinien abgefahren. Die Übermüdung der Teilnehmer war offensichtlich, da auch nachts noch hart trainiert worden war. Im welligen Gelände ging auf Grund der Flüssigkeit mancher Schüler baden und konnte erst durch den übermenschlichen Einsatz der Lehrkräfte geborgen werden.

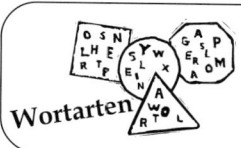 **Wortarten**

1. Das Verb

■ *OHP-Übersicht*

Verb
TÄTIGKEITSWORT, ZEITWORT

Vollverb	**Hilfsverb**	**Modalverb**
Infinitiv: *singen hüpfen denken usw.*	Infinitiv: *sein haben werden*	Infinitiv: *wollen müssen dürfen sollen mögen können*
stehen alleine oder in Kombination mit Hilfsverben oder Modalverben	unterstützen Verben bei bestimmten Zeitstufen und beim Passiv;	unterstützen Verben in der Aussage der Art und Weise
Ich lache. *Ich habe gelacht.* *Ich will lachen.*	*Ich werde gerufen.*	*Ich will fahren.*
	können u.U. als Vollverb eingesetzt werden	können u.U. als Vollverb eingesetzt werden
	Ich bin.	*Ich kann es.*

Handlungsverben

Vorgangsverben

Zustandsverben

Konjugation
- Person, Zahlform, Zeit, Handlungsform, Aussageweise
- regelmäßige und unregelmäßige Konjugation

kann durch vorangestellten Artikel substantiviert werden.
Das Rufen war zu laut.

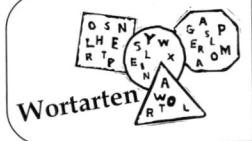

Wortarten

Regeln und Aufgaben

Regeln

- Das **Verb** wird auch mit den Begriffen **Tätigkeitswort** oder **Zeitwort** bezeichnet. Verben geben innerhalb eines Satzes darüber Auskunft, **was** ist (Tätigkeit, Ereignis, Vorgang, Zustand), **was** geschieht und **wann** es geschieht (gestern, heute, morgen). Außerdem sind Verben im Satzgefüge an **grammatische Personen** (Frage: wer oder was?) gebunden.

- Ein Verb – einzeln betrachtet – ist zunächst frei von einer Bindung an Person und Zeit.

- Eine solche Form des Verbs bezeichnet man als unbestimmte (**infinite**) Form oder als den **Infinitiv** des Verbs.

- In der Gruppe der Verben unterscheidet man zwischen **Vollverben,** die alleine stehen können, und **Hilfsverben** und **Modalverben**.

- Vollverben, Hilfsverben und Modalverben verändern sich durch die Angabe von **Person, Zahlform, Zeit, Handlungsform** und **Aussageweise**. Der Fachausdruck für diese Art der Abwandlung ist **Konjugation** (Verb: **konjugieren**).

Beispiele

➡ Der Wasserhahn <u>war</u> kaputt. *(Zustand)*
Der Wasserhahn **tropfte**. *(Geschehen)*
Der Wasserhahn **wurde repariert**. *(Zeit)*

➡ Der Handwerker **reparierte** den Wasserhahn. *(Person)*

➡ **singing, hüpfen, denken**

_____

_____

_____

_____

_____

_____

_____

Aufgaben:

1. Füge weitere Beispiele für **Verben im Infinitiv** oben ein.

2. Warum werden Verben als **Tätigkeitswörter** oder **Zeitwörter** bezeichnet?

_____

_____

3. Bilde Sätze, die deine Antwort beweisen. Unterstreiche entsprechend.

_____

_____

_____

_____

_____

Arbeitsblätter Grammatik für die Sek. I
© Verlag an der Ruhr, Postfach 10 22 51, 45422 Mülheim an der Ruhr, www.verlagruhr.de

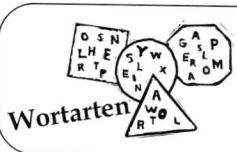

■ Hilfsverben: Regeln und Aufgaben

Regeln	Beispiele

Regeln

■ Wir unterscheiden drei Hilfsverben:
sein – haben – werden.
Sie unterstützen die **Verben** bei der Bildung
bestimmter **Zeitstufen** und des **Passivs.**

■ Hilfsverben können auch als Vollverben
eingesetzt werden. Sie ersetzen in dem Fall
ein anderes Verb.

■ Vollverben, Hilfsverben und Modalverben
verändern sich durch die Angabe von **Person,
Zahlform, Zeit, Handlungsform** und **Aussageweise.**
Der Fachausdruck für diese Art der
Abwandlung ist **Konjugation** (Verb: **konjugieren**).

Beispiele

➡ Ich **bin** zu Fuß **gelaufen.**
(von **sein** – Zeitstufe: Perfekt)

Der Hund **hatte gebellt.**
(von **haben** – Zeitstufe: Plusquamperfekt)

Das Spiel **wird ausfallen.**
(von **werden** – Zeitstufe: Futur)

Der Ball **wird getreten.**
(**Passiv,** es geschieht etwas mit dem Ball)

➡ Ich denke, also **bin** ich. (Mich gibt es!)
Anna **hat** ein Mountainbike. (Anna besitzt ...)
Frank **wird** Techniker. (... ergreift den Beruf des ...)

Aufgaben:

1. *Bilde Sätze mit Hilfsverben in verschiedenen Zeiten im Aktiv und Passiv und unterstreiche die zusammengesetzte Verbform.*

2. *Bilde Sätze mit Hilfsverben, die als Vollverben gebraucht werden, und unterstreiche die Hilfsverben.*

Schreibe ins Heft.

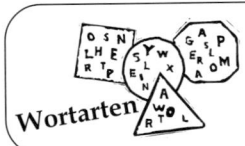

Wortarten

Modalverben:
Regeln und Aufgaben

Regeln

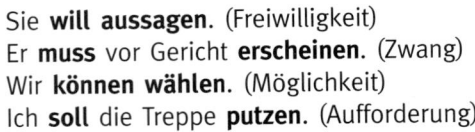

■ **Modalverben** unterstützen die **Verben** und drücken aus, in welcher **Art und Weise** (**Modalität**) ein Geschehen stattfindet. Wir unterscheiden sechs Modalverben:

■ **wollen – müssen – dürfen – sollen – mögen – können**

■ Modalverben können auch alleine stehen.

■ Vollverben, Hilfsverben und Modalverben verändern sich durch die Angabe von **Person, Zahlform, Zeit, Handlungsform** und **Aussageweise**. Der Fachausdruck für diese Art der Abwandlung ist **Konjugation** (Verb: **konjugieren**).

Beispiele

Sie **will aussagen**. (Freiwilligkeit)
Er **muss** vor Gericht **erscheinen**. (Zwang)
Wir **können wählen**. (Möglichkeit)
Ich **soll** die Treppe **putzen**. (Aufforderung)

Vater **will** das nicht! (... ist nicht einverstanden)

Aufgaben:

1. Bilde Sätze mit allen Modalverben, sodass sie Verben unterstützen. Unterstreiche die zusammengesetzten Verbformen.

_____

_____

_____

_____

_____

_____

_____

_____

2. Wann können Modalverben alleine stehen?

_____

_____

_____

_____

Arbeitsblätter Grammatik für die Sek. I
© Verlag an der Ruhr, Postfach 10 22 51, 45422 Mülheim an der Ruhr, www.verlagruhr.de

■ Modalverben: Übungsblatt (Lückentext)

Wortarten

Aufgabe:

Setze in den Lückentext ein passendes Modalverb ein.

Popstar werden

1. Viele unbekannte Musiker_____ gerne berühmt werden.

2. Bevor es so weit ist, _____ sie aber viel üben.

3. Da _____ jede Menge Freizeit draufgehen.

4. Manch einer _____ da ins Grübeln kommen.

5. Zusätzlich _____ noch sehr viel Geld eingesetzt werden.

6. Denn die Instrumente und die Anlage _____ ja profihaft sein.

7. Und bevor die Amateurmusiker ins Profilager wechseln,

   _____ sie schon eine professionelle Musikaufnahme vorweisen.

8. Das _____ natürlich nicht billig klingen.

9. Also _____ ein teureres Aufnahmegerät gekauft werden, oder man

   _____ sich in ein Aufnahmestudio begeben.

10. Ob man _____ oder nicht, der Weg zur Berühmtheit ist lang und teuer.

Moderne Politiker

1. Viele Politiker _____ mit der Zeit gehen.

2. Um bei jungen Menschen anzukommen, _____ sie „im Trend" sein.

3. Computer und Internet _____ das geeignete Thema sein.

4. Sie fordern daher, jeder _____ die Möglichkeit haben,

   auf die Datenautobahn zu gelangen.

5. Schulen _____ unbedingt online gehen.

6. Besonders Lehrer _____ qualifiziert werden, die Jugendlichen

   an die modernen Technologien heranzuführen.

7. Die Industrie _____ die Bildungseinrichtungen unterstützen.

8. Fragt man einmal nach, dann _____ viele Politiker

   nicht einmal einen Computer bedienen.

9. Und kosten _____ moderne Bildung möglichst auch nichts.

10. Da _____ man sicher fragen, ob die Jugend solche Politiker

    wirklich ernst nehmen _____ .

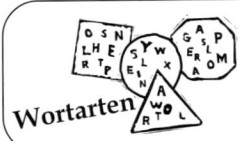
Regeln

Beispiele

■ Innerhalb der Verben unterscheidet man zwei Hauptformen: **die regelmäßigen (schwachen) Verben** und **die unregelmäßigen (starken) Verben.**

■ Regelmäßige Verben behalten bei der Konjugation ihren **Stammvokal** in allen Ableitungen.

➡ zahlen – zahlte – gezahlt
öffnen – öffnete – geöffnet

■ Unregelmäßige Verben verändern bei der Konjugation ihren Stammvokal. Aber auch die Veränderung der unregelmäßigen Verben weist ein gewisses Muster – die sogenannte **Ablautreihe** – auf.

➡ reite – ritt – geritten
binde – band – gebunden
fließe – floss – geflossen
berge – barg – geborgen

■ Die am häufigsten vorkommenden Ablautreihen sind: ei–i–i; i–a–u; i–o–o; e–a–o

■ Die Konjugation der regelmäßigen Verben heißt **regelmäßige Konjugation**, die der unregelmäßigen Verben **unregelmäßige Konjugation.**

Aufgaben:

1. Suche weitere regelmäßige Verben.

_____

_____

_____

_____

_____

2. Suche weitere unregelmäßige Verben.

_____

_____

_____

_____

_____

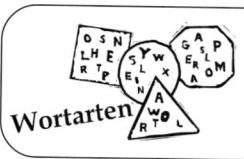

Verben im Satz:
Regeln und Aufgaben

Regeln

Beispiele

■ **Verben** treten im Satzgefüge immer im Zusammenhang mit einer **grammatischen Person** auf und werden dementsprechend abgewandelt:

Der Ball rollt.
Frage: Wer oder was **rollt**?
Antwort: der Ball
Abwandlung des Verbs: **Die Bälle rollen.**

■ **Grammatische Personen** innerhalb eines Satzgefüges können sein:

1. Konkreta (wirkliche Dinge)
 – eine tatsächliche Person
 – ein Ding, eine Sache
 – Namen und Benennungen

der Mann, die Frau, das Kind
der Ball, die Heizung, das Schreiben
Schafe, die Alpen, Obstsaft

2. Abstrakta (gedachte Dinge)
 – als Eigenschaft, Handlung, Zustand

die Faulheit, die Träumerei, das Schweigen

■ An die Stelle der durch **Substantive** (Nomen) gebildeten grammatischen Personen können ihre Stellvertreter (**Pronomen**) treten.

er, sie, es

Aufgabe:

Unterstreiche in den folgenden Sätzen die Verbform(en) und die zugehörige(n) grammatische(n) Person(en).

1. Die Sommerferien waren vorbei.

2. Nun gingen alle Schüler und Lehrer wieder in die Schule.

3. Am ersten Schultag wurden die Bücher verteilt.

4. Auch die Unterschriften der Eltern unter den Zeugnissen mussten vorgelegt werden.

5. Am zweiten Tag gab es Feueralarm.

6. Am dritten Tag kam die Schulzahnärztin und untersuchte die Kids.

7. Wegen eines Wasserrohrbruchs wurde die Schule am vierten Tag geschlossen.

8. Am Ende der Woche waren alle Beteiligten urlaubsreif.

9. Der Schülerrat verlangte sofort weitere Ferien.

10. Am Montag beriet die Lehrerkonferenz über den Antrag, und die Schule fiel aus.

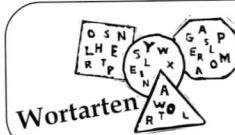

1. Das Verb
■ Verben in der Zeit:
Regeln und Aufgaben

Regeln

■ Verben geben Auskunft über die Zeit, in der das Gesagte geschieht. Die Frage danach lautet:

**Wann geschieht es
(geschah es, war es geschehen,
wird es geschehen)?**

■ Beachte, dass das Verb in bestimmten Zeitformen durch ein Hilfsverb ergänzt wird (hier: **wird** von **werden** und **hat** von **haben**).

Beispiele

➡ Elke **besucht** ein Museum. *(jetzt)*
Elke **besuchte** ein Museum. *(gestern)*

➡ Elke **wird** ein Museum **besuchen**. *(morgen)*
Elke **hat** schon einmal ein Museum **besucht**.
(irgendwann in der Vergangenheit)

Aufgabe:

Stelle für die folgenden Verbformen die richtige Frage nach der Zeit und bilde entsprechende Sätze.

Beispiel: wird regnen   Frage: Wann *wird* es regnen?

                             Satz: *Morgen* wird es regnen.

hatte gerufen   Frage: _____

Satz: _____

laufe   Frage: _____

Satz: _____

haben gegessen   Frage: _____

Satz: _____

schneite   Frage: _____

Satz: _____

war verhaftet worden Frage: _____

Satz: _____

spielen   Frage: _____

Satz: _____

Arbeitsblätter Grammatik für die Sek. I

■ Verben in der Zeit: Übungen

Aufgabe:

In dem folgenden Zeitungsartikel sind die Zeiten durcheinander geraten. Stelle sie richtig. Denke daran, dass die verwendete Zeitform dem Sinn entsprechen muss.

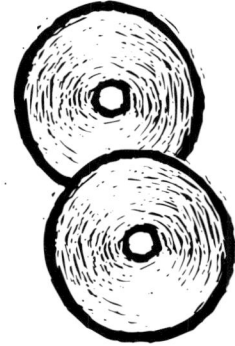

CD-Preise sinken

Die Preise für CDs kamen in den USA in Zukunft ins Rutschen.

_____

Vorige Woche werden sich fünf große Plattenfirmen mit der Kartellbehörde einigen.

_____

Die Behörde wollte eine unerlaubte Preisabsprache nachweisen.

_____

Die Musikkonzerne werden den Händlern Mindestpreise vorgeschrieben haben.

_____

Die Händler werden dafür Werbezuschüsse von den Musikfirmen erhalten.

_____

Wer Ware billiger verkauft haben wird, hatte keine Zuschüsse bekommen.

_____

Die Kartellwächter schätzen, dass US-Musikfans 480 Millionen Dollar zu viel zahlen.

_____

Der Jahresumsatz der US-Musikindustrie wird bei 15 Milliarden Dollar gelegen haben.

_____

Die Plattenfirmen werden ihre Werbezuschüsse als Hilfe für die Musikhändler
verteidigt haben.

_____

Vermutlich wollen die Firmen jahrelangen Auseinandersetzungen
aus dem Wege gegangen sein.

_____

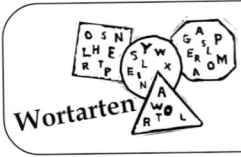

Verben und Ereignisse:
Regeln und Aufgaben

Regeln

- Ereignisse, Vorgänge und Tätigkeiten werden durch Verben ausgedrückt. Die Frage danach lautet:
  - **Was geschieht ...?**
  - **Was tut ...?**
  - **Was erleidet ...?**
  - **In welchem Zustand ist ...?**

- Im Satz bildet das Verb die **Satzaussage (das Prädikat).**

- Beachte, dass ein Verb aus mehreren Teilen bestehen kann. Es wird oft durch ein **Hilfsverb** ergänzt (hier: **wird** von **werden**).

Beispiele

Der Vulkan **bricht aus.**
(Verb: ausbrechen; Prädikat: bricht aus)
Ronja **lacht.**
(Verb: lachen; Prädikat: lacht)
Der Ball **wird getreten.**
(Verb: treten; Prädikat: wird getreten)
Der Luftballon **schwebt.**
(Verb: schweben; Prädikat: schwebt)

Aufgabe:

Unterstreiche im folgenden Text die Prädikate.
Achte auf zusammengesetzte Verbformen.

Der Auftritt

Mit gemischten Gefühlen saßen die fünf Musiker hinter der Bühne. Zum ersten Mal durften sie vor so vielen Menschen in einer so großen Halle spielen. Dazu noch waren sie als Vorgruppe einer Superband vorgesehen. Würde man ihnen eigentlich zuhören? Hatten sie genug geübt? Konnten sie vor lauter Lampenfieber überhaupt richtig spielen? Außerdem mussten sie auf einer fremden Anlage spielen. Und im Saal am Mischpult saß der Mann der Hauptband und bestimmte ihren Sound. Endlich kam der Showmanager und bedeutete ihnen, auf die Bühne zu gehen. Durch den schmalen Gang ging es eine Eisentreppe hoch. Kurz wurden sie verdeckt von den aufragenden Boxentürmen, dann strahlte sie gnadenlos der Bühnenspot an. Das Publikum war offensichtlich froh, dass die Show nun endlich begann, und spendete freundlichen Applaus. Die fünf jungen Musiker stöpselten ihre Gitarrenkabel ein. Noch einmal tief Luft holen! Die ersten Akkorde – noch ein wenig zaghaft angeschlagen – waberten über die riesige Bühne. Doch nach ein paar Takten vergaß die Band ihre Umwelt. Die Jungs spielten, als ginge es um ihr Leben.

Und sie spielten gut.

Nach 30 Minuten, die im Fluge vergingen, war der Auftritt beendet. Die Zuhörer waren hoch zufrieden. Sie hatten eine Band erlebt, von der man in Zukunft noch mehr erwarten konnte.

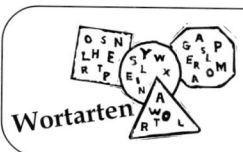

■ Konjugation: Regeln und Aufgaben

Regeln

	Numerus (Zahlform) Singular (Einzahl)	Numerus Plural (Mehrzahl)

Bei der Konjugation ändert sich ein Verb entsprechend der Person, auf die es sich bezieht. Folgende Personen sind möglich:

	Singular	Plural
1. Person	**ich**	**wir**
2. Person	**du**	**ihr**
3. Person	**er, sie, es**	**sie**

Beispiel im Präsens (Personalpronomen + Verb):

	Singular	Plural
1. Person	**Ich rufe.**	**Wir rufen.**
2. Person	**Du rufst.**	**Ihr ruft.**
3. Person	**Er/Sie/Es ruft.**	**Sie rufen.**

Beispiel im Perfekt (Personalpronomen + Hilfsverb + Verb):

	Singular	Plural
1. Person	**Ich habe gerufen.**	**Wir haben gerufen.**
2. Person	**Du hast gerufen.**	**Ihr habt gerufen.**
3. Person	**Er/Sie/Es hat gerufen.**	**Sie haben gerufen.**

Man sagt: **1. Person, Singular, Präsens von rufen**
3. Person, Plural, Perfekt von rufen usw.

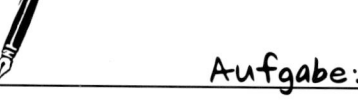

Aufgabe:

Setze ein Verb ein und konjugiere in verschiedenen Zeiten (z.B. Präsens, Präteritum, Perfekt...)!

Verb:	Singular	Plural
1. Person		
2. Person		
3. Person		

Verb:	Singular	Plural
1. Person		
2. Person		
3. Person		

Verb:	Singular	Plural
1. Person		
2. Person		
3. Person		

Verb:	Singular	Plural
1. Person		
2. Person		
3. Person		

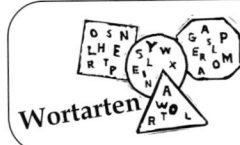

Großschreibung von Verben: Regeln und Aufgaben

Regeln

■ Verben werden groß geschrieben, wenn sie allein mit einem (gedachten) Artikel stehen. Man bezeichnet das als **Substantivierung** der Verben.

■ Auch Hilfsverben und Modalverben können **substantiviert** werden.

Beispiele

 Das Ringen um einen Kompromiss war mit lange**m** (mit **dem** langen) **Diskutieren** verbunden.

 Das Sein an sich beschäftigt die Philosophen. Nur **das Können** zählt.

Aufgabe:

Unterstreiche im Text alle normalen Verben grün, alle substantivierten Verben rot.

In der Fabrikhalle

Das Klopfen und Hämmern, Zischen und Stampfen höre ich schon aus einiger Entfernung. Als ich dann das Tor zur Halle 1 öffne, schlägt mir ein ohrenbetäubender Lärm entgegen. Tapfer schließe ich das Tor hinter mir und gehe den breiten Gang hinunter. An der linken Seite steht eine Metallfräse. Ihr Kreischen übertönt deutlich die Geräusche der anderen Maschinen. Die beiden Männer, die dort arbeiten, haben Schall schluckende Kopfhörer auf den Ohren. Ein Verständigen ist ihnen nur durch Zeichen möglich. Das Sägen und Feilen der beiden Lehrlinge an der Werkbank rechts ist im Dröhnen der Halle nicht zu hören. Auch das Bohren am Bohrständer hinten geht gänzlich unter. Am Ende des Ganges versucht ein Mann, dem Kranführer Anweisungen zu geben. Sein Schreien ist vergeblich. Fast lustig ist das wilde Rudern seiner Arme. Schließlich erreiche ich die Meisterbude. Mein Klopfen wird wohl nicht gehört, also trete ich ein. Drinnen klingt es schon gedämpfter, aber noch nicht leise. Ich stelle mich dem Meister vor und bitte ihn, mir über das Tun der zwei Praktikanten zu berichten, die für drei Wochen im Betrieb sind und das Arbeiten beobachten. Er äußert sich zufrieden über die Schüler und führt mich dann zu ihrem Arbeitsplatz. Auch sie sind offenbar zufrieden. Ich kann es an ihrem fröhlichen Lachen sehen.

Schreibe noch einmal alle substantivierten Verben mit Begleiter auf.

_____

_____

_____

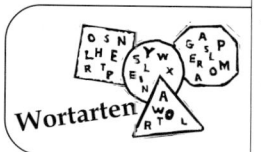
■ *Ein kleiner Test*

Name: _____ Klasse: _____ Datum: _____

1. Partnerwettbewerb

Jeder überlegt, mit welchen Verben man ausdrücken kann, dass jemand spricht. Wir haben eigene Wörter für lautes, leises, unfreundliches Sprechen usw. Schaut auf die Uhr: Wer in 10 Minuten die meisten Wörter aufgeschrieben hat, ist Sieger.

2. Ordne die folgenden Verben in eine Tabelle nach dargestelltem Muster ein. Schreibe auf ein Extra-Blatt:

Handlungsverben	Vorgangsverben	Zustandsverben
...	...	...

wachsen, arbeiten, bleiben, bauen, blühen, wohnen, nachdenken, leben, heißen, drücken, rollen, ruhen, hobeln, fallen, beharren, klopfen, pendeln, dauern, reiben, kreisen, sein, kneten, regnen, bestehen, liegen, schneien, lesen, hageln, sitzen, blitzen, hocken, erzählen, schreiben, dämmern, singen, rechnen, stehen, verweilen

3. Beantworte folgende Fragen:

Wie nennt man die Form der Verben in Aufgabe 1? _____

_____

Wann und wie verändern sich Verben? _____

_____

Wie nennt man diese Verben: **sein – haben – werden?** _____

_____

Welche Aufgabe haben sie? Gib ein Beispiel! _____

_____

Warum nennt man Verben auch Zeitwörter oder Tätigkeitswörter? _____

_____

4. Finde das Kuckucksei und unterstreiche es:

a) *unterstreichen – erkennen – beobachten – verschieden – einteilen*

b) *Geräusch – bellen – krähen – zwitschern – quaken*

c) *baden – tauchen – herrlich – genießen – vergnügen*

Viel Erfolg!

5. Ergänze: *Verben werden in der Regel* _____ *geschrieben.*

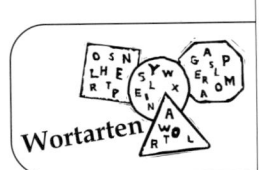
Bei der Darstellung von Vorgängen
unterscheidet man zwei Möglichkeiten:

1. die **Tatform** oder **das Aktiv**

2. die **Leideform** oder **das Passiv**

Man spricht auch von Handlungsrichtungen der Aussage.

Beispiel: Der Junge ➡ **tritt** ➡ den Ball. (= Aktiv)
Der Ball ⬅ **wird** ⬅ **getreten**. (= Passiv)

Wenn das Aktiv mit Verben gebildet wird, die ein
Akkusativ-Objekt bei sich haben, spricht man von
transitiven (zielenden) Verben. Bei der Umwandlung
ins Passiv wird das Akkusativ-Objekt zum Subjekt.

Das Passiv besteht nur aus **zusammengesetzten
Verbformen** mit dem Hilfsverb **werden**.

Aktiv: Der Vogel ➡ **frisst** ➡ den Wurm.
transitives Verb Akkusativ-Objekt
S   P   O

Passiv: Der Wurm ⬅ **wird** ⬅ vom Vogel **gefressen**.
S   P   O   P

Verben, die im Aktiv **kein** Akkusativ-Objekt bei sich haben,
heißen **intransitive** (nicht zielende) Verben,
z.B. **klatschen, schlafen**.
Mit ihnen kann nur ein unpersönliches
Passiv gebildet werden: Es **wurde geklatscht**.
Das klingt aber immer sehr steif.

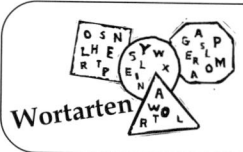

Wortarten

Aktiv und Passiv: Regeln und Aufgaben

Regeln

- **Das Aktiv** drückt einen Vorgang aus, der von einem Urheber ausgelöst wird.

- **Das Passiv** drückt einen **Vorgang** aus, der an einer Sache oder Person vollzogen wird. (Vorgangspassiv)

- Das Verb eines Satzes, der im **Vorgangspassiv** steht, wird **in allen Zeiten** mit dem Hilfsverb „werden" verbunden.

- Das Passiv kann auch verwendet werden, um den Zustand einer Sache oder Person zu verdeutlichen. Das Verb eines Satzes im **Zustandspassiv** wird nur mit dem Hilfsverb „sein" verbunden.

- Die Verbform, mit der das Passiv gebildet wird, heißt **Partizip Perfekt**. Das Partizip Perfekt wird in der Regel mit der Vorsilbe **ge-** gebildet und bei regelmäßigen Verben mit der Endung **-t** oder **-et**, bei unregelmäßigen Verben mit der Endung **-en**. (Hinweis: Das Partizip Präsens wird mit der Endung **-end** bzw. **-nd** gebildet: spring**end**, hüpf**end**, läche**lnd**, jamme**rnd**.)

Beispiele

➡ Der Tankwart **wäscht** den Wagen.
Urheber: der Tankwart
Vorgang: wäscht
(Objekt: den Wagen)

➡ Der Wagen **wird gewaschen**.
Vorgang: wird gewaschen
Vollzug an dem Wagen

➡ Der Wagen **wird gewaschen**.
Der Wagen **wurde gewaschen**.
Der Wagen ist **gewaschen worden**.
Der Wagen war **gewaschen worden**.
Der Wagen wird **gewaschen werden**.

➡ Der Wagen **ist gewaschen**.
Zustand: ist gewaschen
Zustand des Wagens

Aufgabe:

Wandle um ins Passiv.

1. Die Hausbewohner unterstützen den kranken Nachbarn.

_____

2. In der Französischen Revolution richtete man viele Adlige hin.

_____

3. Der Hund beißt die Katze.

_____

4. Wir haben das Schreiben zur Post gebracht.

_____

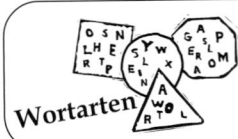

1. Das Verb
■ Aktiv und Passiv: Übungstext

unsere autos

unsere autos werden von den automobilherstellern immer komfortabler hergestellt. eine testzeitschrift stellte die veränderungen an einem modell vor, das kürzlich auf den markt kam. weil viele käufer kritisiert hatten, die stahlrohrsitze seien zu unbequem, wurden die sitzbänke mit daunen gepolstert. durch eine neu konstruierte klappbank ist die ladefläche erheblich vergrößert worden. für die stereoanlage wurde vom hersteller ein lärmpegelmesser eingebaut. ebenso wurde eine automatische berieselungsanlage für die blumenkästen vorgesehen. das vierganggetriebe wurde durch eine schaltung mit übersichtlichen achtzehn gängen ersetzt. das neu gestaltete armaturenbrett wurde in marmor gefertigt. durch das erhöhte gewicht liegt das fahrzeug jetzt besonders tief auf der straße. dem fahrer wurde eine bessere übersicht durch die hohe sitzposition bereitet. er schaut direkt aus dem schiebedach auf die route. allerdings rappelt der aschenbecher immer noch. da wird sicher bald nachgebessert werden.

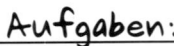

Aufgaben:

1. Übertrage den Text in richtiger Groß- und Kleinschreibung in dein Heft.

2. Unterstreiche die Passivsätze rot, die Aktivsätze grün.

3. Kennzeichne die transitiven Verben blau, die Subjekte im Passiv (= Akkusativ-Objekte im Aktiv) gelb.

4. Verwandle den Text: Alle Aktivsätze werden – soweit möglich – ins Passiv gesetzt, alle Passivsätze ins Aktiv. Achte auf die richtigen Zeiten.

Wortarten

Aktiv und Passiv in den Zeitstufen

Aufgabe:

Ergänze die leeren Felder.

Zeitstufe	Aktiv	Passiv
Präsens	Stefan liebt Tanja.	
Präteritum		
Perfekt		
Plusquamperfekt		
Futur I		
Präsens		
Präteritum		Ute wurde gelobt.
Perfekt		
Plusquamperfekt		
Futur I		
Präsens		
Präteritum		
Perfekt		
Plusquamperfekt		
Futur I	Der Lehrer wird Hans prüfen.	
Präsens		
Präteritum		
Perfekt		Der Zeuge ist befragt worden.
Plusquamperfekt		
Futur I		

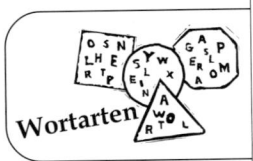

Wortarten

■ Aktiv und Passiv:
Ein kleiner Test

Name: _____ Klasse: _____ Datum: _____

Schreibe zuerst die Sätze a)–h) aus Aufgabe 3 ins Arbeitsheft ab.
Lasse jeweils eine Zeile frei!
In die freie Zeile schreibst du die Bestimmungen der Zeitstufen.
Auch alle anderen Antworten gehören ins Heft.

Aufgaben:

1. **Bestimme für jeden Satz die Zeitstufe und ob er im Aktiv oder Passiv steht.**

2. **Unterstreiche in den Sätzen das Subjekt grün und, falls vorhanden, das Akkusativ-Objekt blau.**

3. **Übertrage alle Aktivsätze, bei denen es sinnvoll ist, ins Passiv, alle Passivsätze ins Aktiv.**

   a) *Bei der Eroberung Galliens wurde das Land von den Römern geplündert.*

   b) *Die römischen Legionäre nahmen alle Wertgegenstände mit.*

   c) *Nur wenige Schätze waren von Asterix und Obelix in Sicherheit gebracht worden.*

   d) *„In unserem Dorf überfallen uns die Römer nicht", meinte Asterix damals.*

   e) *Nächste Woche wird die Klasse Überreste eines gallischen Dorfes besuchen.*

   f) *Viele Ausgrabungsgegenstände werden dort besichtigt werden.*

   g) *Das Dorf wurde erst kürzlich entdeckt.*

   h) *Viele Jahrzehnte lang hatten es Forscher vergeblich gesucht.*

4. **Bilde von dem nachfolgenden Satz Ableitungen in den angegebenen Formen und Zeitstufen:**

   Karl hat den Computer gekauft.

   a) *Präsens/Passiv*

   b) *Perfekt/Passiv*

   c) *Präteritum/Aktiv*

   d) *Futur/Passiv*

   e) *Präsens/Aktiv*

5. **Konjugiere den Satz „Ich esse ein Stück Kuchen" im Plusquamperfekt/Aktiv.**

6. **Was ist ein transitives Verb, was ist ein intransitives Verb? Gib jeweils ein Beispiel!**

7. **Gib jeweils ein Beispiel für**

   a) *das Partizip Präsens*

   b) *das Partizip Perfekt*   Viel Erfolg!

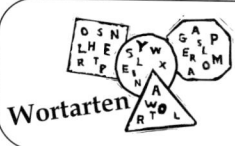

■ Indikativ und Konjunktiv: Regeln und Aufgaben

Regeln

Ein Verb kann in drei **Modi** (Einzahl Modus: Aussageweise) gebraucht werden:

■ 1. **Indikativ** (Wirklichkeitsform)
Diese Verbform ist die normale Aussageweise und gibt an, was ist oder was war oder was sein wird.

■ 2. **Konjunktiv** (Möglichkeitsform)
Diese Verbform gibt an, was sein oder gewesen sein könnte. Im Futur entspricht der Konjunktiv dem Indikativ.

■ Besonders bei der indirekten Rede wird der **Konjunktiv I** eingesetzt.

■ Der **Konjunktiv II** drückt die Möglichkeit oder die Unwirklichkeit besonders aus. Er wird meist mit „würde" umschrieben.

■ 3. **Imperativ** (Befehlsform)
Diese Verbform bezeichnet, was geschehen soll. Die Aussage richtet sich immer an eine oder mehrere Personen (Lebewesen), hat also nur eine Bedeutung in der 2. Person Singular oder Plural.

Beispiele

➡ Wir **spielen** Schach.
Wir **fuhren** Fahrrad.
Wir **hatten gebadet**.
Wir **werden** joggen.

➡ Man sagt, sie **sei** krank.
Wenn sie **käme, wäre** es toll.

➡ Indirekte Rede: Sie **sagte** mir, dass sie wohl **komme**.

➡ **Kletterte** er hinauf, so **stürzte** er ab.
Würde er hinauf klettern, so **würde** er abstürzen.

➡ **Lauf! – Arbeite! – Nimm!**
Lauft! – Arbeitet! – Nehmt!

Aufgaben:

1. Bilde aus den folgenden Kombinationen Sätze im Konjunktiv.

a) Behauptung – Auto fahren ist gefährlich

_____

b) Möglichkeit des Fahrverbots – Protest der Autofahrer

_____

2. Bilde den Imperativ.

a) Ein Schüler redet unablässig. Der Lehrer sagt:

_____

b) Am Himmel erscheint ein großes Flugzeug. Das Kind ruft der Mutter zu:

_____

1. Das Verb
Indikativ und Konjunktiv: direkte und indirekte Rede

Die **direkte Rede** (auch wörtliche Rede) steht im **Indikativ**. Die **indirekte Rede** (also die nicht wörtlich gesprochene) steht im **Konjunktiv**.

In der Schriftsprache wird die direkte Rede durch die Anführungszeichen gekennzeichnet. Die indirekte Rede hat nur die normale Zeichensetzung entsprechend dem Satzbau.

Beispiel:
Der Schiedsrichter ruft: „Ich verwarne Sie!"
Der Spieler fragt: „Aber warum tun sie das?"

So kann man es auf dem Fußballplatz direkt hören. Wenn man das später zu Hause erzählt, dann wird daraus eine indirekte Rede:

Klaus erzählt, dass der Schiedsrichter rief, er verwarne den Spieler, worauf der fragte, warum er das tue.

Aufgabe:

Wandle die direkte Rede des folgenden Textes in die indirekte Rede um.

Gefährliches Sonnenbad

- Inken fragt: „*Warum darf ich denn nicht länger in der Sonne liegen?*"

- „*Du willst doch wohl keinen Sonnenbrand bekommen*", erwidert ihre Mutter, „*und durch das Ozonloch besteht zusätzlich die Gefahr des Hautkrebses.*"

- „*Na ja*", meint Inken, „*aber ich möchte doch endlich mal schön braun werden.*"

- „*Das erreichst du aber nicht dadurch, dass du stundenlang in der Sonne brätst*", wirft ihr Vater ein, „*und morgen siehst du aus wie ein Himbeerpudding und hast zusätzlich ganz elende Schmerzen.*"

- Die Mutter rät ihr: „*Leg dich jeden Tag nur ganz kurz in die Sonne, auf Dauer bekommst du dann auch die richtige Farbe. Außerdem wird man auch im Schatten braun.*"

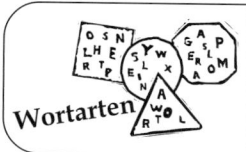
OHP-Übersicht

Substantive

Konkreta	Komposita	Abstrakta
Gegenstände und Lebewesen	aus Konkreta und/oder Abstrakta zusammengesetzte Substantive	Gedanken, Gefühle, Zustände, Vorgänge
Beispiele:	*Beispiele:*	*Beispiele:*
der Hund der Tote das Wasser	Hundeliebe Totenruhe Wasserbewegung	Liebe Ruhe Bewegung

Deklination

Wer? *Nominativ:* der Hund	Wessen? *Genitiv:* des Hundes	Wem? *Dativ:* dem Hund	Wen? *Akkusativ:* den Hund

Numerus

Singular: der Hund	*Plural:* die Hunde

Genus

Maskulinum: der Hund	*Femininum:* die Hündin	*Neutrum:* das Hundekind

allgemeine Großschreibung

Wortarten

Regeln und Aufgaben

Regeln

Das **Substantiv** (Hauptwort), auch Nomen genannt, gehört zu den Wortarten, die man **deklinieren** (beugen) kann.

Substantive können sein

1. **Konkreta** (wirkliche Dinge: Gegenstände und Lebewesen)

2. **Abstrakta** (nicht Greifbares: Gedanken, Gefühle, Zustände, Vorgänge)

Aus Konkreta und/oder Abstrakta zusammengesetzte Substantive nennt man **Komposita**.

Äußerlich wird das Substantiv gekennzeichnet durch

1. **das Geschlecht** (Genus) einschließlich Geschlechtswort (Artikel)

2. **die Zahl** (Numerus)

3. **den Fall** (Kasus)

Die Beugung eines Substantivs in den vier Fällen heißt **Deklination**. In welchem Fall ein Substantiv steht, ergibt sich durch seine Stellung im Satz. Den Fall ermittelt man durch eine entsprechende **Frage**.

Substantive werden mit und ohne <u>Begleiter</u> **immer groß** geschrieben.

Beispiele

➡ Die **Gitarre**, der **Mensch**, die **Spinne**, das **Öl**

➡ die **Angeberei**, die **Faulheit**, der **Preisverfall**, die **Würde**

➡ die **Menschen** und die **Würde** – die **Menschenwürde**

➡ **der Mann** (männlich, Maskulinum)
die Frau (weiblich, Femininum)
das Kind (sachlich, Neutrum)

➡ **das Kind** (Einzahl, Singular)
die Kinder (Mehrzahl, Plural)

➡ **der Ball** (1. **Fall**: Werfall, Nominativ)
des Balles (2. **Fall**: Wesfall, Genitiv)
dem Ball (3. **Fall**: Wemfall, Dativ)
den Ball (4. **Fall**: Wenfall, Akkusativ)

➡ **Wer** rollte ins Tor? **Der Ball** ...
Wessen Leder glänzte? Das Leder **des Balles** ...
Wem gab er einen Tritt? **Dem Ball** ...
Wen trat er ins Tor? **Den Ball** ...

➡ **G**arten, <u>der **G**arten</u>, <u>ein schöner **G**arten</u>

Aufgabe:

*Zeichne entsprechende Tabellen in dein Heft und dekliniere 10 Substantive unterschiedlichen Geschlechts und unterschiedlicher Zahl.
Achte auf die Artikel.*

1. Fall *(Wer? Was?)*	_____
2. Fall *(Wessen?)*	_____
3. Fall *(Wem?)*	_____
4. Fall *(Wen? Was?)*	_____

Arbeitsblätter Grammatik für die Sek. I
© Verlag an der Ruhr, Postfach 10 22 51, 45422 Mülheim an der Ruhr, www.verlagruhr.de

2. Das Substantiv

■ Fälle bestimmen

Aufgabe:

*Bestimme in den folgenden Sätzen **die Fälle** der unterstrichenen Substantive und stelle die entsprechende Frage danach.*

Satz	Fall?	Frage?
Der Anblick <u>der Sonnenfinsternis</u> war toll.	2. Fall (Genitiv)	**Wessen** Anblick war toll?
<u>Die Sternwarte</u> war gut besucht.		
<u>Dem Mitarbeiter</u> der Sternwarte gelang die Erklärung <u>des Naturschauspiels</u> gut.	1. 2.	
Per Satellitenübertragung konnte man <u>den Stand</u> in aller Welt verfolgen.		
Natürlich hatten alle Besucher <u>Schutzbrillen.</u>		
An einen Weltuntergang glaubte aber <u>kein Mensch.</u>		
<u>Den Fanatikern</u>, die Lebensmittel gebunkert hatten, war nicht zu helfen.		
Schließlich wurde <u>der Tag</u> zur Nacht. Die Scheibe <u>des Mondes</u> verdeckte die Sonne vollkommen.	1. 2.	
Belustigt sah man <u>die tanzenden „Druiden"</u> in England auf dem Bildschirm.		
Zum Abschluss spendierte die Sternwarte noch <u>einen „Sonnendrink".</u>		

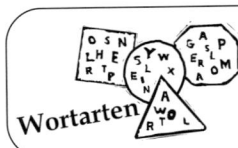

Regeln	Beispiele

Regeln

■ Die Deklination von Substantiven, die **Eigennamen** sind, bietet einige Fallstricke. So klingt zum Beispiel der **Genitiv von Namen**, die mit **tz**, **z** oder **s** enden, ziemlich altmodisch:

■ Eine andere Möglichkeit, das **Genitiv-Apostroph**, ist auch nicht besser:

■ Die bessere Möglichkeit sieht so aus:

■ Kommt ein Artikel hinzu, muss man besonders aufpassen. Oft liest man es so:

■ Pharao ist ein Titel. Bei Titeln heißt es:

■ Hieße der Pharao allerdings Meier, dann würde es so lauten:

■ Titel und Namen zusammen ergeben folgendes Bild:

Beispiele

➡ Fritz**ens** frische Fische (Wessen ...?)

➡ Fritz' frische Fische

➡ die Fische **des Fritz** / die Fische **von Fritz**

➡ **falsch:** die Mumie **des** Pharao_

➡ **richtig:** die Mumie **des** Pharao**s**; die Krone **des** König**s**; der Harem **des** Sultan**s**

➡ **mit Artikel:** die Mumie **des** Meier / **ohne Artikel:** die Mumie Meier**s** (Meier**s** Mumie)

➡
- die Mumie **des** Pharao**s** Meier
- die Mumie **des** Her**rn** Pharao Meier
- Pharao Meier**s** Mumie
- die Mumie **des** Pharao**s** Professor Meier
- Pharao Professor Meier**s** Mumie

Aufgabe:

Bilde möglichst viele Genitiv-Formen von folgenden Kombinationen:

1. *das Auto – Professor Schmitz*
2. *die Lieblingspommesbude – Hans*
3. *der Hit – Rapper Hits*
4. *die Praxis – Doktor Schulz*
5. *die Vorlesung – Professor Doktor Franz*
6. *Gesetz – Sonnenkönig Ludwig XIV.*
7. *Enzyklika – Papst Johannes Paul II.*
8. *Verlag – Verleger Schmalz*
9. *Gitarre – King Elvis*
10. *Tor – Bundesligaschützenkönig*

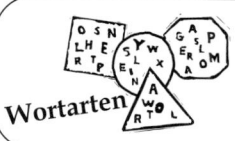

2. Das Substantiv

■ zusammengesetzte Substantive: Regeln und Aufgaben

Regeln		**Beispiele**

■ 1. Das **zusammengesetzte Substantiv** (Kompositum, Komposita) wird aus **zwei oder mehr gleichwertigen Substantiven** gebildet. **Küchen-schrank, Apfel-torte, Karpfen-teich-besitzer**

■ 2. Das **zusammengesetzte Substantiv** wird aus einem **Verb** und einem **Substantiv** gebildet, wobei das Verb den Wortsinn bestimmt. **Lese**schwäche, **Schwimm**trainer, **Geh**hilfe

■ 3. Das **zusammengesetzte Substantiv** wird aus einem **Adjektiv** und einem **Substantiv** gebildet, wobei das Adjektiv den Wortsinn bestimmt. **Kalt**dusche, **Rot**kohl, **Mager**sucht

■ 4. Das **zusammengesetzte Substantiv** wird aus **verschiedenen Wortarten** gebildet, wobei die erste den Wortsinn bestimmt. **Nach**ruf, **Vor**silbe, **Zwölf**ender

■ 5. Das **zusammengesetzte Substantiv** wird mit einer **Vorsilbe (Präfix)** gebildet: **ver-, ge-, un-, ur-, miss-, erz-** **Ver**lauf, **Ge**walt, **Un**heil, **Ur**geschichte, **Miss**erfolg, **Erz**bischof

■ 6. Das **zusammengesetzte Substantiv** wird mit einer **Nachsilbe (Suffix)** gebildet: **-heit, -keit, -ung, -nis, -schaft, -tum, -sal, -ling, -ist, -rich, -in, -lein, -chen, -ismus** Bos**heit**, Heiter**keit**, Entdeck**ung**, Ärger**nis**, Bürg**schaft**, Reich**tum**, Müh**sal**, Liebl**ing**, Lager**ist**, Mäuse**rich**, Pastor**in**, Fräu**lein**, Bien**chen**, Radikal**ismus**

 **Aufgabe:**

Schreibe zu jedem Beispiel weitere auf.

1. _____

   _____

2. _____

   _____

3. _____

   _____

4. _____

   _____

5. _____

   _____

6. _____

   _____

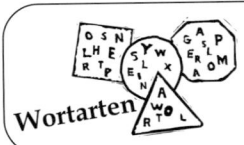
1. Bilde aus den nachstehenden Wörtern Substantive. Streiche benutzte Wörter mit einem Bleistift aus. Unterstreiche gleichlautende Endungen jeweils mit einer bestimmten Farbe (rot, blau, grün).

klug, sauber, pflanzen, krank, beraten, bearbeiten, roh, ehrlich, erheben, faul, ewig, ernennen, festlich, verbrennen, schön, gefährlich, neu, strebsam, rein, tapfer, befördern

	Wort	Substantiv		Wort	Substantiv
1.	klug	die Klug**heit**	12.		
2.			13.		
3.			14.		
4.			15.		
5.			16.		
6.			17.		
7.			18.		
8.			19.		
9.			20.		
10.			21.		
11.					

2. Ordne die neu gebildeten Wörter nach ihren Endungen. Trage die Endungen in die drei Kästchen ein, die du am besten auch rot, blau und grün umrandest.

3. Bestimme die Wortart der Ausgangswörter:

1.	die Klug**heit**	1.		1.	
2.		2.		2.	
3.		3.		3.	
4.		4.		4.	
5.		5.		5.	
6.		6.		6.	
7.		7.		7.	
Wortart?		**Wortart?**		**Wortart?**	

4. Ergänze die Regeln:

Wörter mit den Endungen _____, _____, _____ werden

immer mit _____ Anfangsbuchstaben geschrieben. Substantive mit den

Endungen _____ und _____ werden aus Adjektiven gebildet.

Substantive mit der Endung _____ werden aus Verben gebildet.

2. Das Substantiv

■ zusammengesetzte Substantive: Silbenrätsel

Benutze die Wortteile um die gesuchten Begriffe zu bilden.
Jedes Kästchen steht für einen Buchstaben. Schreibe mit **großen Druckbuchstaben**
und benutze einen Bleistift. Streiche benutzte Silben aus, dann wird es einfacher.
Die **dick umrandeten Endungen** musst du **raten**.
Das Lösungswort ergibt eine **Mittelgebirgslandschaft in Nordrhein-Westfalen.**

Wortteile: ant – bar – Be – Dumm – Er – Frucht – Ge – Em – sig – rig – ig –
dig – lei – mut – ris – Schwie – Sel – sen – ten – Ver – wort

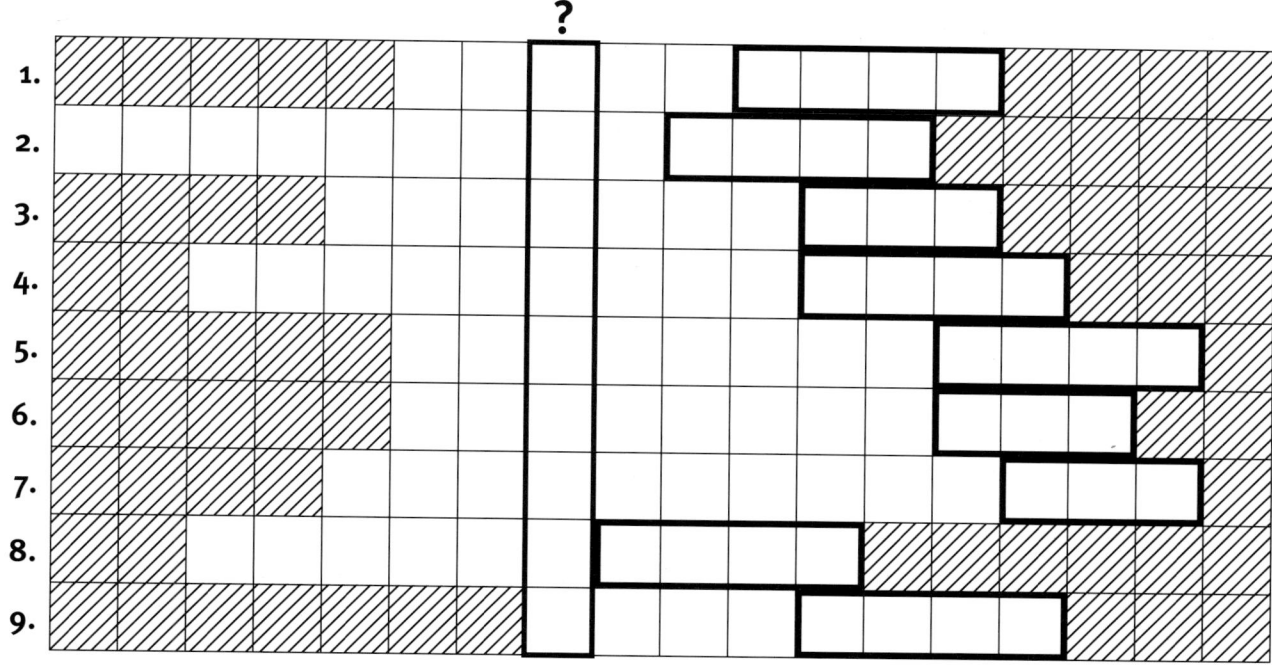

Gesuchte Begriffe:

1. Eigenschaft der Bienen und Ameisen. Sie arbeiten mit großer ...
2. Eigenschaft, die Ackerbauern für ihre Felder wünschen
3. Hilfe, die mutlose Schüler von ihren Lehrern erwarten
4. Sie muss überwunden werden, wenn sie auftaucht
5. Eigenschaft von Gaunern und Betrügern. Sie sind voller ...
6. Wenn man jemanden beleidigt, dann ist das eine ...
7. Wenn man ein wichtiges Amt hat, trägt man sehr viel ...
8. Etwas, was man nicht häufig findet, ist eine ...
9. Das Gegenteil von Schläue

Das **Lösungswort** lautet: _____

Schreibe hier noch einmal die **Endungen** auf, die du herausgefunden hast.

_____

Welche der **Endungen** sind an Verben angehängt worden, welche an Adjektive?

an Verben: _____

an Adjektive: _____

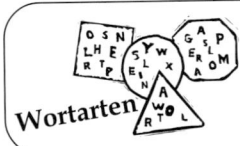

Übungsblatt 1

1. Suche Dinge, die man **sehen, hören, anfassen, riechen** oder **schmecken**
   (also mit mindestens einem der fünf Sinne wahrnehmen) kann.
   Schreibe je fünf Beispiele auf.

2. Suche möglichst viele Begriffe, die man sich **nur vorstellen** kann,
   zum Beispiel **Angst**. Schreibe sie auf.

3. Suche Begriffe, die ein **Eigenname** sind, die aber einmalig sind,
   zum Beispiel **Nil** oder **Donau**. Schreibe 10 Beispiele auf.

4. Suche Begriffe, die aus anderen **zusammengesetzt** sind,
   zum Beispiel: **Kirchentür** (10 Beispiele).

5. Suche möglichst viele Begriffe, die **Namen** und **Sammelbegriff** für mehrere
   Lebewesen und Dinge zugleich darstellen, zum Beispiel **Familie**.

Ergänze:

Die Substantive der Aufgabe 1 heißen Konkreta, weil ... _____

_____

Die Substantive der Aufgabe 2 heißen, Abstrakta, weil ... _____

_____

Die Substantive der Aufgabe 4 heißen Komposita, weil ... _____

_____

Finde jeweils drei Komposita, die

1. aus zwei Konkreta gebildet werden: _____

   _____

2. aus zwei Abstrakta gebildet werden: _____

   _____

3. aus einem Konkretum und einem Abstraktum gebildet werden: _____

   _____

Für besonders Schlaue: Findest du auch Komposita, die aus mehr als

zwei Substantiven zusammengesetzt werden? Schreibe sie auf:

_____

Ergänze:

Ein Substantiv wird immer _____ geschrieben.

Ein Substantiv kann man daran erkennen, dass man _____

davor setzen kann.

Substantive heißen auch Namenwörter oder Dingwörter, weil _____

_____

2. Das Substantiv

Übungsblatt 2

Aufgaben:

1. Schreibe den Text sorgfältig und in Schönschrift in dein Heft ab.

2. Unterstreiche im Text alle großgeschriebenen Wörter (ausgenommen die Wörter, die nur am Satzanfang großgeschrieben werden).

3. Schreibe alle großgeschriebenen Wörter untereinander ins Heft ab, und begründe dahinter, warum sie großgeschrieben werden.

Schreck in der Dunkelheit

Oliver, ein sonst nicht zimperlicher Knabe, war allein zu Hause. Die Eltern waren zum Feiern bei Bekannten. Das Gute daran war, dass Oliver ohne Ende fernsehen konnte. Durch das ausgiebige Gucken war aber irgendwann Müdigkeit angesagt. Das Rot seiner Augen sah schon bedrohlich aus. Eigentlich war ihm das Schlafen heute ein Ärgernis. Für Aufregung war keine Zeit, Oliver sank wie betrunken in sein Bett. Das übliche Schäfchenzählen war nicht nötig. Lautes Schnarchen schallte bald durch die ganze Wohnung. Das Träumen wilder Geschichten war Olivers leichteste Übung.

Sämtliche Filme, die er am Abend gesehen hatte, kamen noch einmal ins Spiel. In seinen unruhigen Bewegungen konnte man förmlich das Schießen und Rasen des letzten Krimis erahnen. Doch plötzlich saß Oliver senkrecht im Bett. Da war doch was? Einbrecher, Diebe, Mörder? Und das Schwarze dort an der Tür? Das Zittern in seinen Händen war erdbebenmäßig, als er den Lichtschalter suchte. Endlich! Da hing doch noch der Jogginganzug von gestern an der Tür. Das Wegräumen hatte Oliver vergessen. Nie wieder würde er so lange fernsehen!

Ergänze die Regeln.

■ Satzanfänge und Substantive schreibt man _____ .

■ Substantive können **Konkreta** bezeichnen. Das sind _____
_____ .

Beispiele dafür: _____ .

■ Substantive können **Abstrakta** bezeichnen. Das sind _____
_____ .

Beispiele dafür: _____ .

■ Substantive erkennt man am Begleiter (_____), den sie

bei sich haben können.

Beispiele dafür: _____

_____ .

■ Wörter, die auf -heit, -keit, -nis, -schaft, -tum oder -ung enden,

sind _____ .

Beispiele dafür: _____

_____ .

■ Verben können wie Substantive benutzt werden. Man schreibt sie dann mit

_____ Anfangsbuchstaben. Signalwörter (Begleiter), die die

Substantivierung anzeigen, sind _____ und andere Begleiter.

Eine Präposition verschmilzt oft mit dem Artikel (zum, am usw.).

Signalwörter treten häufig in Kombination auf.

Beispiele dafür: _____

_____ .

■ Auch ohne Signalwort kann es sich um ein substantiviertes Verb handeln.

Man kann die Probe machen, indem man _____

_____ .

■ Adjektive können _____ gebraucht werden.

Man schreibt sie dann _____ . Substantivierte Adjektive haben

häufig die Signalwörter, die wir auch bei substantivierten Verben finden.

Beispiele dafür: _____

_____ .

■ Auch ohne Signalwort kann es sich um ein substantiviertes Adjektiv handeln.

Man kann die Probe machen, indem man _____

_____ .

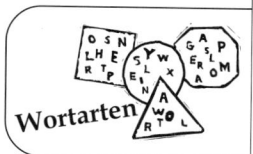
Wortarten

■ *OHP-Übersicht*

Artikel

Geschlechtswort

bezeichnet das grammatische Geschlecht von Substantiven		
der Mensch	die Röhre	das Erlebnis

verändert sich durch Deklination

bestimmter Artikel: der – die – das	unbestimmter Artikel: ein – eine
im Singular:	*im Singular:*
der Mensch des Menschen dem Menschen den Menschen	ein Mensch eines Menschen einem Menschen einen Menschen
im Plural:	*im Plural:*
die Menschen der Menschen den Menschen die Menschen	entfällt

kann zum Demonstrativpronomen werden

Der da an der Ecke!

kann zum Numerale werden

Gib mir mal einen Euro!

3. Der Artikel

■ Regeln

Regeln

- Jedes Substantiv hat ein **grammatisches Geschlecht**. Es kann **männlich** (Maskulinum), **weiblich** (Femininum) oder **sächlich** (Neutrum) sein und muss nicht mit dem natürlichen Geschlecht übereinstimmen. Eine Regel für die Bestimmung des Geschlechts gibt es nicht. Aus Gewohnheit sprechen wir meist richtig. Bei **Mann, Frau** und **Kind** ist es ganz einfach, weil hier natürliches und grammatisches Geschlecht übereinstimmen.

- **Das Geschlecht eines Substantivs wird durch den davorstehenden Artikel bestimmt.**

- Wir unterscheiden:

- **bestimmter** (definiter) **Artikel**
  – bezeichnet Bestimmtes, Einmaliges

- **unbestimmter** (indefiniter) **Artikel**
  – bezeichnet etwas Beliebiges

- Artikel werden zusammen mit dem Substantiv dem grammatischen Geschlecht entsprechend **dekliniert**: bestimmte Artikel im Singular und Plural, unbestimmte Artikel nur im Singular.

- In besonderen Fällen kann aus Artikeln eine andere Wortart werden. So wird aus einem bestimmten Artikel ein **Demonstrativpronomen** (hinweisendes Fürwort).

- Aus einem unbestimmten Artikel kann ein **Numeral** (Zahlwort) werden.

Beispiele

➡ **der – die – das** (Nominativ)
der Mond, **die** Sonne, **das** Weltall

➡ **ein – eine – ein** (Nominativ)
ein Stern, **eine** Galaxie, **ein** Elementarteilchen

➡ **bestimmter Artikel im Singular:**
der Mond, **des** Mond**es**, **dem** Mond,
den Mond

bestimmter Artikel im Plural:
die Mond**e**, **der** Mond**e**, **den** Mond**en**,
die Mond**e**

unbestimmter Artikel im Singular:
ein Stern, **eines** Stern**es**, **einem** Stern,
einen Stern

➡ **Der** da! **Die** dort! **Das** hier!

➡ **ein** Dollar, **ein** Euro, **ein** Fahrrad statt zwei

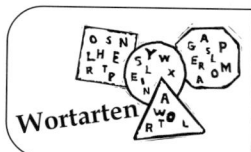

Übungsblatt 1

Bestimmter Artikel

Fall	Frage	Singular			Plural
		Maskulinum	Femininum	Neutrum	alle Geschlechter
1. Fall – Nominativ	Wer oder was?	der	die	das	die
2. Fall – Genitiv	Wessen?	des	der	des	der
3. Fall – Dativ	Wem?	dem	der	dem	den
4. Fall – Akkusativ	Wen oder was?	den	die	das	die

Unbestimmter Artikel

Fall	Frage	Singular			Plural
		Maskulinum	Femininum	Neutrum	alle Geschlechter
1. Fall – Nominativ	Wer oder was?	ein	eine	ein	
2. Fall – Genitiv	Wessen?	eines	einer	eines	entfällt
3. Fall – Dativ	Wem?	einem	einer	einem	
4. Fall – Akkusativ	Wen oder was?	einen	eine	ein	

1. Ordne folgende Substantive nach ihrem Geschlecht und schreibe sie mit bestimmtem Artikel in die Tabelle.
   Aber Achtung: es gibt für jedes Wort zwei Möglichkeiten!

   Leiter – Tau – Bauer – Kunde – Steuer – Gehalt – Stift – Heide – Harz – Flur – See – Weise – Verdienst

Maskulinum	Femininum	Neutrum

2. Setze in die nachstehenden Sprichwörter die fehlenden Artikel ein und bestimme ihr Geschlecht (G). Überlege, warum gerade hier unbestimmte Artikel stehen.

   Besser _____ (G: _____) Spatz in der Hand,

   als _____ (G: _____) Taube auf dem Dach.

   Wer anderen _____ (G: _____) Grube gräbt, fällt selbst hinein.

   Was _____ (G: _____) Häkchen werden will, krümmt sich beizeiten.

   Der unbestimmte Artikel ist in diesen Sprichwörtern besser geeignet,

   weil _____ .

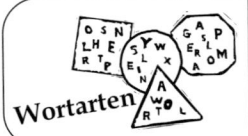
Übungsblatt 2

Im Text fehlen bestimmte und unbestimmte Artikel.
Ergänze sie da, wo es sinnvoll ist. Beachte die Fälle!
Markiere die Substantive, zu denen sie gehören.

Die Eiszeit

Dass es einmal vor langer Zeit auf unserem Planeten sehr kalt gewesen ist, weiß jedes Grundschulkind. Wir sprechen heute von dieser Zeit als „Eiszeit", obwohl es so eindeutig damit gar nicht war.

Eiszeit war nämlich keineswegs zusammenhängender Zeitraum großer Kälte. Es hat mehrere solcher Eisschübe gegeben. Dazwischen aber gab es ebenso ausgedehnte „Zwischeneiszeiten", die in Wahrheit regelrechte Warmzeiten waren. Um ganz genau zu sein, es war zum Teil so warm in unseren Breiten, dass es bei uns wie in Afrika aussah, und im Rhein die Nilpferde plantschten. Unglaublich, nicht wahr?

Es ist erwiesen, dass es in langen Geschichte unserer Erde lange vor der Existenz des Menschen schon Eiszeiten gab. Vielleicht sind deswegen Dinosaurier ausgestorben. Wir sprechen also bei „unserer Eiszeit" nur von Zeitraum, den wir überschauen und gut nachweisen können. Andererseits kann aber auch kein Forscher sagen, ob wir heute nicht immer noch in Eiszeit bzw. in Zwischeneiszeit sind. Immerhin gibt es in nördlichen Breiten niemals auftauenden Dauerfrostboden. Zudem hat das Eingreifen des Menschen in die Umwelt natürlichen Ablauf sicher sehr durcheinander gebracht.

Es gab insgesamt viermal Wechsel von kalt nach warm. Jeweiligen Eisvorstöße hat man nach Flüssen benannt, die Eis nachweislich erreichte. Dabei unterscheidet man zwischen süddeutschen und norddeutschen Vereisung.

Vor 1 Million Jahren, so glaubte man bisher, hat erste Vereisung mit ihren merklichen klimatischen Veränderungen eingesetzt. Mittlerweile aber sind sich Forscher einig: Es hat Vorlaufzeit von 2 Millionen Jahren gegeben. Auch Übergänge zwischen Kalt- und Warmzeiten sollen schneller als bisher angenommen stattgefunden haben. Dies jedenfalls haben Bohrproben Jahrmillionen alten Festlandeises auf Grönland ergeben. Die Periode letzten Vereisung endete vor 10 000 Jahren.

Es war nicht so, dass es während Eiszeit gnadenlos kalt war. Vielmehr waren Sommer kurz bei geringer Sonneneinwirkung. Landschaft war karg, ohne Wälder, eine Tundra, wie man sie heute auf Spitzbergen und in den nördlichen Gebieten Eurasiens findet. Schnee vorhergehenden Winters taute jeweils nicht richtig ab und blieb liegen. Starke Schneefälle in Skandinavien und in Alpen und Fehlen der Schneeschmelze ließen Schneemassen enorm wachsen, die unter ihrem eigenen Druck zunehmend vereisten und vergletscherten. Je dicker Eis wurde, umso beweglicher wurde es merkwürdigerweise. Druck, den 3 000 Meter dicke Eisdecke über Skandinavien erzeugte, war so groß, dass Gletscher sich in Bewegung setzten, immer weiter in Täler vordrangen und schließlich als Inlandeis Ebenen Norddeutschlands bedeckten. Insgesamt lag Jahresdurchschnittstemperatur in Vereisungsperioden 8–10 Grad Celsius unter heutigen.

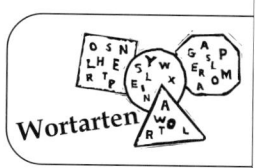

■ *OHP-Übersicht*

Adjektiv

Eigenschaftswort

bezeichnet die Eigenschaften von Personen, Dingen und Begriffen		
der <u>gute</u> Mensch	die <u>lange</u> Röhre	das <u>schöne</u> Erlebnis

verändert sich durch Deklination

im Singular:	im Plural:
mit bestimmtem Artikel + Substantiv	*mit bestimmtem Artikel + Substantiv*
der <u>alte</u> Mann, des <u>alten</u> Mannes ...	die <u>alten</u> Frauen, der <u>alten</u> Frauen ...
mit unbestimmtem Artikel + Substantiv	
ein <u>alter</u> Mann, eines <u>alten</u> Mannes	

unverändert als Teil des Prädikats

Die Kosten <u>sind günstig</u>.

kann substantiviert werden

<u>Das Schöne</u> an sich ist gut. Die Sache hat <u>ein Gutes</u>.

kann gesteigert werden

schön – schöner – am schönsten
gut – besser – am besten

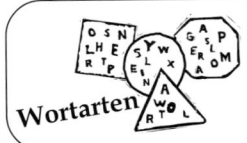

Regeln und Aufgaben

Regeln

- Wörter, die Eigenschaften von Personen, Dingen oder Begriffen bezeichnen, heißen **Adjektive** (Eigenschaftwörter).

- In Verbindung mit einem Substantiv wird das Adjektiv **dekliniert**. Die Adjektivendungen hängen vom Artikel bzw. vom Substantiv ab.

- Unverändert bleibt das Adjektiv, wenn es **zum Prädikat** gehört.

Beispiele

das **kleine** Mädchen, der **rote** Ball, der **aufregende** Film

Adjektiv: **reich**
das Konto de**s** <u>reich</u>**en** Bankier**s**
Adjektiv: **lieb**
<u>Lieb</u>**e Güte!**

Der Sturm **ist gefährlich.**
Der Wandertag **wird schön.**
Das Risiko **bleibt hoch.**

Aufgaben:

1. Blättere in Zeitschriften und suche Werbeanzeigen. Schreibe die in der Werbung enthaltenen Adjektive mit den zugehörigen Substantiven heraus.

_____

_____

_____

2. Viele Adjektive haben eine auffällige Nachsilbe (Suffix). Von welchem Wort sind die nachfolgenden Adjektive jeweils abgeleitet?

königlich von _____   **sommerlich** von _____

holzig von _____   **freudig** von _____

veränderbar von _____   **überprüfbar** von _____

3. Suche 10 ähnlich abgeleitete Adjektive. Schreibe ins Heft.

4. Unterstreiche alle Adjektive im Text.

Gestern habe ich mir mit meinem Freund Michael einen tollen Drachen gebaut. Dazu haben wir uns dünne Leisten, wasserfesten Leim, starkes Ölpapier und eine Rolle widerstandsfähiger Drachenschnur besorgt. Die Leisten haben wir genau abgesägt, über Kreuz gelegt und mit Leim und Bindfaden sorgfältig zusammengefügt. Dann haben wir die Ecken des Leistenkreuzes mit der festen Schnur verspannt, sodass das Ganze schon recht haltbar aussah. Schließlich haben wir ein passendes Stück Ölpapier abgeschnitten, die Kanten um die Schnur gezogen und verleimt. Danach mussten nur noch ein Stück Seil und eine gefaltete Papierfliege als Schwanz angebracht werden. Und natürlich die endlos lange Drachenschnur. Nun warten wir nur noch auf reichlich Wind für unseren ersten Drachenstart.

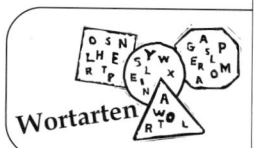

Wortarten

■ Übungsblatt

Adjektive können eine Geschichte sehr verändern. Durch die richtige Wortwahl kann die Geschichte

lustig – gruselig – spannend – langweilig – traurig

werden. Das folgende Märchen sollst du **zwei Mal** mit treffenden Adjektiven gestalten, abhängig davon, welche Stimmungen du erzeugen möchtest.

1. Überlege jeweils, was aus deiner ersten, was aus deiner zweiten Geschichte werden soll.
2. Suche passende Überschriften für beide.
3. Suche dazu passende Adjektive.
4. Denke dir für jede Geschichte einen Schluss aus.
   Schreibe die zweite Geschichte in dein Heft.

Überschrift: _____

Eines Tages ritt ein _____ König auf seinem

_____ Pferd durch den _____

Wald. Er kam vom _____ Weg ab und verirrte sich

immer mehr im _____ Unterholz. Schon ging der

_____ Mond auf, es wurde Abend, da erblickte er

in (der) _____ Ferne ein _____ Licht.

Er ritt darauf zu und kam zu einem _____ Haus.

Als er durch das _____ Fenster schaute, sah er

eine _____ Familie beim Abendbrot.

Er klopfte an die _____ Tür und trat in die

_____ Stube. „Könnt Ihr mir den _____

Weg zeigen?" fragte er den Waldhüter. Der aber antwortete: „In dieser

_____ Nacht könnt Ihr den _____ Weg aus

diesem Wald nicht mehr finden, denn _____

_____

_____

_____

_____

_____

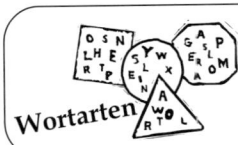

■ Adjektive deklinieren: Übungsblatt

Achte genau auf die Endungen und übe.

Bestimmter Artikel		Singular		
Fall	**Frage**	**Maskulinum**	**Femininum**	**Neutrum**
1. Fall – Nominativ	Wer oder was?	der alt**e** Mann	die alt**e** Frau	das lieb**e** Kind
2. Fall – Genitiv	Wessen?	de**s** alt**en** Mann**es**	de**r** alt**en** Frau	de**s** lieb**en** Kind**es**
3. Fall – Dativ	Wem?	de**m** alt**en** Mann	de**r** alt**en** Frau	de**m** lieb**en** Kind
4. Fall – Akkusativ	Wen oder was?	de**n** alt**en** Mann	di**e** alt**e** Frau	da**s** lieb**e** Kind

Bestimmter Artikel		Plural		
Fall	**Frage**	**Maskulinum**	**Femininum**	**Neutrum**
1. Fall – Nominativ	Wer oder was?	die alt**en** Männer	die alt**en** Frauen	die lieb**en** Kinder
2. Fall – Genitiv	Wessen?	de**r** alt**en** Männer	de**r** alt**en** Frauen	de**r** lieb**en** Kinder
3. Fall – Dativ	Wem?	de**n** alt**en** Männer**n**	de**n** alt**en** Frauen	de**n** lieb**en** Kinder**n**
4. Fall – Akkusativ	Wen oder was?	die alt**en** Männer	die alt**en** Frauen	die lieb**en** Kinder

Unbestimmter Artikel		nur im Singular		
Fall	**Frage**	**Maskulinum**	**Femininum**	**Neutrum**
1. Fall – Nominativ	Wer oder was?	ein alt**er** Mann	eine alt**e** Frau	ein lieb**es** Kind
2. Fall – Genitiv	Wessen?	ein**es** alt**en** Mann**es**	ein**er** alt**en** Frau	ein**es** lieb**en** Kind**es**
3. Fall – Dativ	Wem?	ein**em** alt**en** Mann	ein**er** alt**en** Frau	ein**em** lieb**en** Kind
4. Fall – Akkusativ	Wen oder was?	ein**en** alt**en** Mann	eine alt**e** Frau	ein lieb**es** Kind

Ergänze die folgenden Tabellen mit anderen Adjektiven und Substantiven.

Bestimmter Artikel		Singular		
Fall	**Frage**	**Maskulinum**	**Femininum**	**Neutrum**
1. Fall – Nominativ	Wer oder was?			
2. Fall – Genitiv	Wessen?			
3. Fall – Dativ	Wem?			
4. Fall – Akkusativ	Wen oder was?			

Bestimmter Artikel		Plural		
Fall	**Frage**	**Maskulinum**	**Femininum**	**Neutrum**
1. Fall – Nominativ	Wer oder was?			
2. Fall – Genitiv	Wessen?			
3. Fall – Dativ	Wem?			
4. Fall – Akkusativ	Wen oder was?			

Unbestimmter Artikel		nur im Singular		
Fall	**Frage**	**Maskulinum**	**Femininum**	**Neutrum**
1. Fall – Nominativ	Wer oder was?			
2. Fall – Genitiv	Wessen?			
3. Fall – Dativ	Wem?			
4. Fall – Akkusativ	Wen oder was?			

Arbeitsblätter Grammatik für die Sek. I
© Verlag an der Ruhr, Postfach 10 22 51, 45422 Mülheim an der Ruhr, www.verlagruhr.de

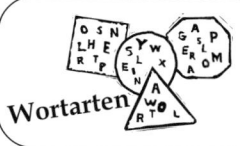
■ Adjektive steigern: Regeln und Aufgaben

Regeln

■ Mit **Adjektiven** (Eigenschaftwörter) können Eigenschaften oder Handlungen von Lebewesen oder Dingen miteinander verglichen werden. Die Bildung von Vergleichsformen des Adjektivs bezeichnet man als **Komparation** (Steigerung).

■ Es können drei Formen gebildet werden:
- die **Grundstufe** (Positiv)
- die **1. Steigerungsstufe** (Komparativ)
- die **2. Steigerungsstufe** (Superlativ)

Der Superlativ bildet immer nur **eine** (endgültige) Möglichkeit. Beachte das Vergleichswort **als** im Komparativ. Es wird in der täglichen Umgangssprache oft durch das **falsche „wie"** ersetzt.

■ Bei manchen Adjektiven werden bei der Steigerung **aus Vokalen Umlaute**.

■ Aber Achtung! Es gibt Adjektive, die nicht gesteigert werden können. *Beispiel:* **tot**

■ Komparativ und Superlativ können auch ohne einen weiteren Vergleich benutzt werden. Sie sind dann **absolut**.

Beispiele

Michael ist **sportlich**.
Jörg ist **sportlicher als** Michael.
Mehmet ist **am sportlichsten**.
oder:
Helen ist eine **sportliche** Schülerin.
Jasmina ist eine **sportlichere** Schülerin.
Christine ist die **sportlichste** Schülerin.

kurz, kürzer, am kürzesten

Die Nächte werden **kürzer**.
(absoluter Komparativ)
Die Partygäste waren in **bester** Laune.
(absoluter Superlativ)

Aufgaben:

1. Steigere:

Adjektiv	Positiv	Komparativ	Superlativ
gut (!)			
schön			
lang			
breit			
richtig			

2. Steigere ein Beispiel im ganzen Satz:

Positiv: _____

Komparativ: _____

Superlativ: _____

Wortarten

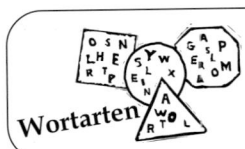

Übungsblatt: Adjektiv-Salat

Adjektivsalat

Schreibe möglichst viele Adjektive so in das Raster, dass sie sich gegenseitig überschneiden.

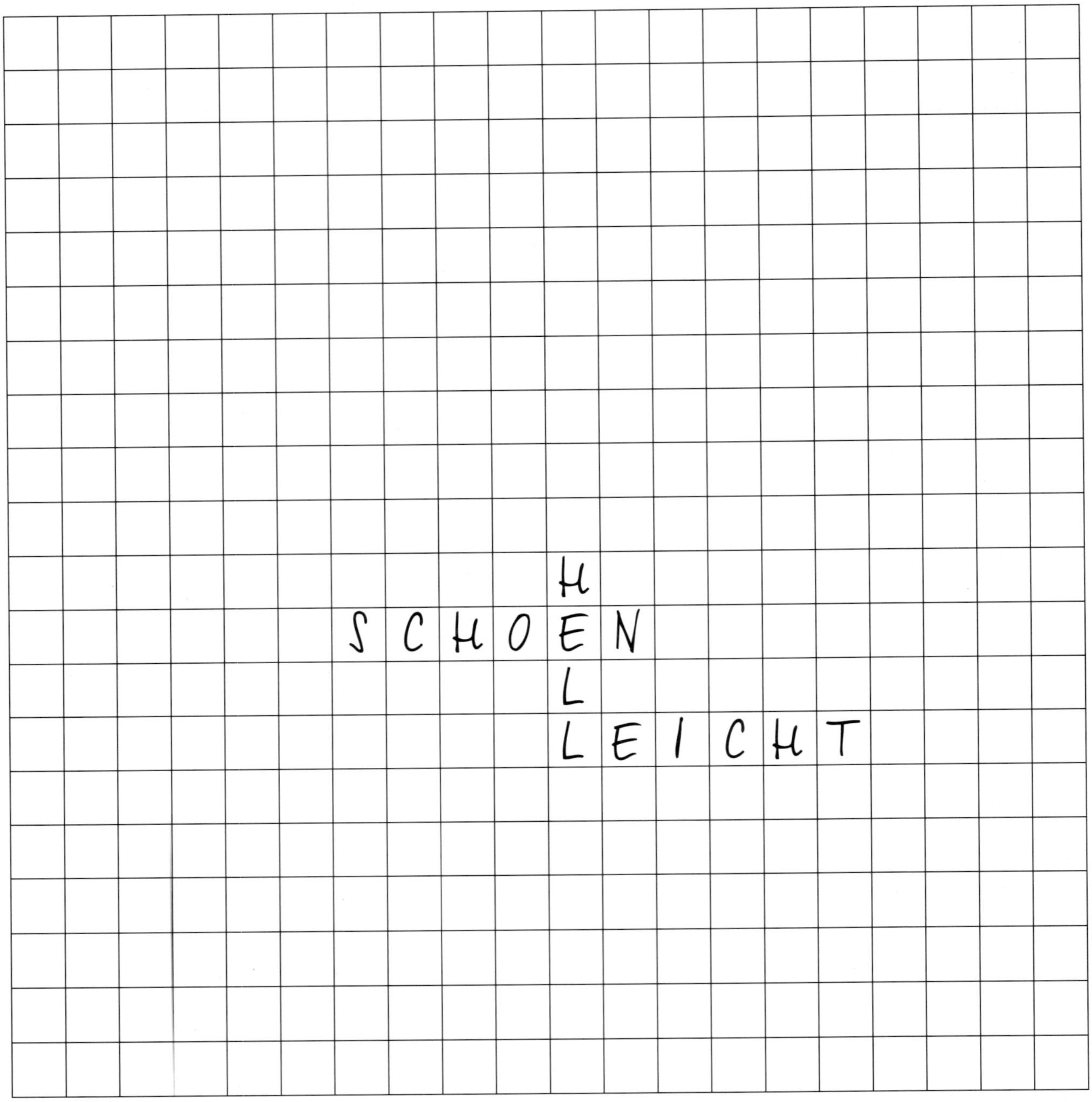

HELL
SCHOEN
LEICHT

Zähle aus, wie viele Adjektive du geschafft hast.

Ergebnis: ☐

Und dein Nachbar? ☐

Klassenbestes Ergebnis? ☐

Dein „Ranking" in der Klasse? ☐ Platz

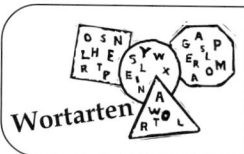

■ Regeln

Regeln	Beispiele

■ Die Stellvertreter der Substantive (Nomen) sind die **Pronomen** (Fürwörter). Sie werden **dekliniert**.

■ Das **Personalpronomen** ersetzt Lebewesen oder Sachen.

➡ **ich – du – er/sie/es – wir – ihr – sie**
Klaus sucht Inge. **Er** sucht **sie**.
es – das Kind, das Tier (Lebewesen)
es – das Paket, das Geschenk (Sachen)

■ Das **Possessivpronomen** (besitzanzeigendes Für-wort) zeigt die Zugehörigkeit eines Lebewesens oder einer Sache zu einem anderen Lebewesen oder einer Sache an.

➡ **mein – dein – sein – unser – euer – ihr**
Ich verleihe **mein** Fahrrad nur an **meine** Freunde.
Euer Besuch kam überraschend.

■ Das **Demonstrativpronomen** (hinweisendes Fürwort) weist auf etwas Besonderes hin. Dabei kann der besonders betonte Artikel zum Demonstrativpronomen werden.

➡ **Dieser** Ring gefällt mir gut.
Welchen meinen Sie?
Ich meine **den** da!
solche

■ Das **Interrogativpronomen** (Fragefürwort) leitet einen Fragesatz ein. Es folgt der Deklination.

➡ **wer/was? – wessen? –
wem/welchem Umstand? – wen/was?**

■ Das **Reflexivpronomen** (rückbezügliches Fürwort) verweist zurück auf den Urheber.
Es wird **nur im Dativ und Akkusativ** verwendet.

➡ **mir/mich – dir/dich – sich – uns – euch – sich**
Ich ärgere **mich**.
Du ersparst **dir** den Ärger.

■ Das **reziproke Pronomen** (Fürwort der Wechselseitigkeit) entspricht weitgehend dem Reflexivpronomen und drückt eine Gegenseitigkeit aus.

➡ Wir prosteten **uns** zu.
oder:
Wir prosteten **einander** zu.

■ Das **Indefinitpronomen** (unbestimmtes Fürwort) bezeichnet etwas Unbestimmtes, Allgemeines.

➡ **irgendwer/irgendwelches – etwas –
jemand – man – niemand**

■ Das **Relativpronomen** (bezügliches Fürwort) entspricht dem Demonstrativpronomen **der/die/das** bzw. dem Interrogativpronomen **welcher/welche/welches** (selten gebraucht). Es leitet in einem Satzgefüge den Relativsatz ein.

➡ Der Fernseher, **den** ich gekauft habe, hat das Format 16:9.
Die Brille, **die** du trägst, gefällt mir.
Das Kind, **das** da weint, ist krank.

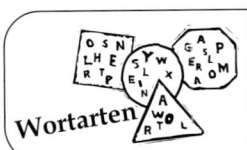
Wortarten

Übungsblatt: Gitterrätsel

Pronomen-Chaos

1. Wo stecken die Pronomen? Suche sie heraus und stelle eine Artenliste auf.

2. Erfinde selbst ein Rätsel und tausche es mit deinem Nachbarn aus.

A	E	U	E	R	B	C	H	J	K	L	M	N	S	O	P	U	Q	R	S	T
B	C	D	E	I	H	G	F	E	D	C	B	A	O	Z	Y	N	X	W	V	U
F	G	H	I	J	K	L	A	B	J	C	E	D	L	F	G	S	H	I	J	K
J	E	M	A	N	D	A	B	M	E	I	N	A	C	B	C	E	D	E	F	G
H	I	J	K	L	M	N	O	P	D	Q	R	S	H	T	U	R	V	W	X	Y
A	B	C	D	E	F	A	G	H	E	J	K	L	E	M	N	O	P	W	E	R
I	H	R	Q	R	S	T	U	V	R	W	X	Y	Z	A	B	C	D	E	F	G
H	I	J	K	D	L	M	N	O	P	Q	D	E	I	N	L	M	N	O	P	Q
R	S	T	U	I	V	W	X	Y	Z	A	B	C	F	G	H	K	L	M	N	A
C	D	E	F	E	G	H	I	J	A	B	C	E	T	W	A	S	D	E	F	G
H	I	J	K	S	L	M	U	N	S	N	O	P	Q	R	S	T	A	B	C	D
F	G	H	W	E	M	I	J	K	L	M	N	A	B	C	D	D	I	E	F	G
I	J	K	L	R	M	N	O	P	Q	R	S	D	T	U	V	W	A	B	C	X
C	D	E	F	G	A	B	C	H	I	J	K	E	A	B	C	D	F	G	H	J
K	L	I	R	G	E	N	D	W	E	R	M	I	N	O	P	M	Q	R	S	T
U	D	V	W	Y	X	Z	A	S	I	E	B	S	C	D	E	A	F	G	H	I
J	A	K	L	M	N	O	P	Q	R	S	Z	E	I	N	A	N	D	E	R	Z
X	S	Y	Z	A	I	H	R	E	B	C	D	E	F	G	H	I	J	K	L	M
B	D	C	D	E	F	G	H	I	J	M	N	O	P	B	C	I	C	H	D	E
F	G	W	H	I	J	S	K	L	M	D	Q	R	S	T	U	V	W	X	Y	Z
A	B	I	C	D	E	I	F	G	H	E	I	M	I	R	J	K	L	M	N	O
P	Q	R	S	T	U	C	V	W	X	R	Y	Z	A	B	C	D	E	F	G	H
I	J	K	L	M	N	H	O	P	Q	R	S	T	U	V	W	X	Y	Z	A	B
F	G	H	A	B	C	I	J	K	L	M	N	O	W	E	L	C	H	E	S	P
Q	R	S	T	U	A	B	C	F	A	B	E	F	H	I	J	K	A	B	C	D
E	H	I	W	E	S	S	E	N	J	K	L	M	A	B	C	D	E	W	A	S

_____

_____

_____

_____

_____

_____

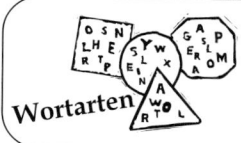
■ *Regeln und Aufgaben*

Regeln

Numeralien (Zahlwörter; Singular: das Numerale) geben Größen, Ordnungen, Maße und Zeiten an. Numeralien stehen für Zahlen.

Grundzahlen:
Die Grundzahlen werden **dekliniert**.

Ordnungszahlen:
Die Ordnungszahlen können auch ein **Substantiv näher beschreiben** oder **als Substantiv gebraucht** werden. Oder sie bezeichnen die **Abfolge** bei Herrschern.

Zeitangaben:
Numeralien dienen als **Zeitangabe**. In der Regel wird aber die Zahl verwendet.

Weiterhin gibt es ...
... **Wiederholung**sbezeichnungen:
... **Mehrfach**bezeichnungen:
... Bezeichnungen für **Verteilung**:
... **Gattung**sbezeichnungen:
... **Gruppierung**sangaben:
... **Brüche**:

Für **Aufzählungen** wird die Ordnungszahl mit der Endung **-ens** verwendet.

Beispiele

➡ 0, 1, 2, 3 ... – **null, eins, zwei, drei ...**
Nominativ: **zwei – drei**
Genitiv: **zweier – dreier**
Dativ: **zweien – dreien**
Akkusativ: **zwei – drei**

➡ 1., 10., 100. ... – **erst-, zehnt-, hundertst-**
Es ist sein **zweites** Auto.
Er war **Zweiter** im Endlauf.
Karl der **Fünfte**

➡ 1999 – **neunzehnhundertneunundneunzig**
15.10 Uhr – **fünfzehn Uhr zehn**
17. Mai – **der siebzehnte Mai**

➡ **einmal – zweimal – dreimal**
einfach – zweifach – dreifach
je zehn – je zwanzig
Siebzigerjahre
zu dritt – zu fünf
ein Viertel, ein Hundertstel

➡ erst**ens** – zweit**ens** – dritt**ens**

Aufgaben:

1. Füge jedes der oben angegebenen Beispiele in einen sinnvollen Satz ein.

2. Bilde jeweils noch einen zweiten Satz mit einem von dir selbst gefundenen Beispiel.

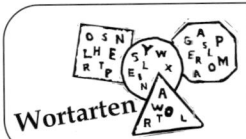

Wortarten

■ Regeln und Aufgaben

Regeln

Adverbien (das Adverb – Umstandswort) geben an, unter welchen Umständen etwas geschieht. Sie sind (bis auf die Steigerungsmöglichkeit) unveränderlich.

■ Sie bezeichnen den **Ort** näher.

■ Sie geben Auskunft über **zeitliche Zusammenhänge**.

■ Sie erklären die **Art und Weise**.

■ Adverbien können auch **anderen Wortarten** entstammen.

■ Sie können zusammengesetzt sein.

■ Nur wenige Adverbien können **gesteigert** werden. Das geschieht oft unregelmäßig.

Beispiele

➡ da – dort – hier – rechts

➡ jetzt – damals – neulich – selten

➡ nie – immer – sehr – ganz – besonders – so

➡ schnell (Adjektiv) – morgens – abends
Das Auto fährt **schnell**. (Wie fährt es?)

➡ glücklicherweise – unbekannterweise

➡ oft – häufig – am häufigsten
gern – lieber – am liebsten

Aufgabe:

Ergänze die Geschichte. Verwende die Adverbien unten.

Eines Morgens wachte ich auf und fühlte mich _____ müde.

Noch _____ war es mir passiert, dass ich _____

spät dran war. _____ . Vor zwanzig Jahren,

_____ hatte ich mal verschlafen. Aber _____ war mir,

als würde ich _____ im Tiefschlaf liegen. Egal, ich musste zur Arbeit.

Mein Auto fuhr _____ langsam. Die Schneckenpost war

_____ schneller. Ich vergaß leider _____ an der Ampel

abzubiegen und musste einen Umweg fahren. Das kommt nicht

_____ vor, höchstens wenn mal Stau ist. Aus dem Gegenverkehr

winkte mir _____ eine freundliche Fahrerin zu. Nett!

Das hat man _____ . Dann ging es aber voll

_____ . _____ ging die rote Kelle hoch, bevor ich

es begriff. Ich war in eine Geschwindigkeitskontrolle förmlich hineingerast.

Mir brach _____ der Schweiß aus. Schweißgebadet wachte ich auf.

Der Wecker hatte geklingelt.

**sofort – zweimal – ganz – jetzt – gern – noch – glücklicherweise – oft –
rechts – nie – so – unbekannterweise – daneben – besonders – da – sogar**

Arbeitsblätter Grammatik für die Sek. I

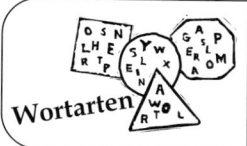

7. Das Adverb
■ Adverbien steigern:
Regeln und Aufgaben

<table>
<tr><td>

Regeln

</td><td>

Beispiele

</td></tr>
<tr><td>

■ Gesteigert werden nur Adverbien, die sich aus Adjektiven und Partizipien herleiten.

</td><td>

➡ Das **schnelle** Rennrad.
(Adjektiv)
Das Rad fährt **schnell.**
(Adverb, das Verb wird näher bezeichnet)
Das Geräusch ist **nervend.**
(Partizip)

</td></tr>
<tr><td>

■ Solche **Adverbien** (Umstandwörter) werden wie Adjektive gesteigert.

■ Es werden jeweils drei Formen gebildet.
• die **Grundstufe** (Positiv)
• die **1. Steigerungsstufe** (Komparativ)
• die **2. Steigerungsstufe** (Superlativ)

</td><td></td></tr>
<tr><td>

■ Manchmal hat der Superlativ die Endung **st.** Man bezeichnet dies als **absoluten Superlativ** oder **Elativ.**

</td><td>

➡ **äußerst, zutiefst, höchst**
Ich bin **zutiefst** enttäuscht.
Sie war **höchst** erstaunt.

</td></tr>
<tr><td>

■ Die Adverbien **bald, gern, oft, viel** werden unregelmäßig gesteigert.

</td><td>

➡ **bald, eher, am ehesten**

</td></tr>
</table>

Aufgaben:

1. Steigere:

Adverb	Positiv	Komparativ	Superlativ
gern			
oft			
viel			
spannend			
schnell			

2. Steigere ein Beispiel im ganzen Satz:

Positiv: _____

Komparativ: _____

Superlativ: _____

Kannst du weitere absolute Superlative finden?

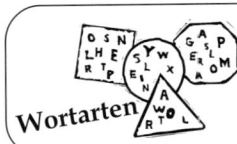
Wortarten

Regeln und Aufgaben

Regeln

Präpositionen (die Präposition – Verhältniswort) geben Auskunft über die genaue, im Geschehen begründete Situation.

- die **örtliche** Situation:

- die **zeitliche** Situation:

- die **begründete** Situation:

■ Präpositionen sind mit dem **Genitiv**, dem **Dativ** oder dem **Akkusativ** verbunden.

■ Die **Stellung** der Präposition kann um das Substantiv herum wechseln.

Beispiele

➡ **auf – über – unter – bei – an – in**
Das Essen steht auf dem Tisch. **(wo?)**

➡ **in – um**
In fünf Minuten, **um** Punkt eins, wird gegessen. **(wann?)**

➡ **wegen – auf Grund**
Auf Grund einer Übelkeit konnte ich nichts essen. **(warum?)**

➡ **Wegen des Essens** fiel der Termin aus.
(Genitiv)
Nach dem Essen wurde diskutiert.
(Dativ)
Durch das Essen verzögerte sich die Diskussion.
(Akkusativ)
Achtung:
Die Krähe fliegt **über dem** Feld.
(Dativ – als länger dauernder Zustand)
Die Krähe fliegt **über das** Feld.
(Akkusativ – als vorübergehendes Ereignis)

➡ **wegen** der Wahrheit, der Wahrheit **wegen**

Aufgabe:

Bilde Sätze mit

- **einigen Präpositionen, die mit dem Genitiv stehen:**

  statt – längs – während – wegen – jenseits – oberhalb – unweit – kraft – außerhalb – ungeachtet – trotz

- **einigen Präpositionen, die mit dem Dativ stehen:**

  aus – mit – bei – von – nach – außer – nebst – seit – zu – samt – dank – gemäß – auf

- **einigen Präpositionen, die mit dem Akkusativ stehen:**

  durch – um – ohne – gegen – für – betreffend – an

8. Die Präposition

■ Übungsblatt

Verkehrte Welt

Eines Morgens wachte Marion auf und verstand die Welt nicht mehr. Sie lag über ihrem Bett in ihrer kleinen Kammer unten auf dem Dach. Und gegenüber ihrer Bettdecke lag wie immer ihr Kuscheltier. Der Wecker stand auch wie immer hinter dem Wandregal, aber er hatte überhaupt nicht geklingelt. Drinnen war offenbar die Sonne noch nicht aufgegangen, denn aus dem Fenster schien der Mond. Trotzdem hörte sie oberhalb jenseits der Küche Geräusche. Vorsichtig stieg sie in das Bett und schlich an der Wand entgegen zwischen dem Flur. Dank sehr viel Herzklopfens kam Marion an die Treppe, die steil hindurch führte. Stufe um Stufe tastete sie sich die Treppe durch. Die Küchentür stand ein wenig zu. Ein heller Lichtstreifen drang in die helle Küche aus dem dunklen Flur. Marion spähte aus dem Türspalt. Sie sah einen großen Schatten unter der klappernden Spülmaschine. Immer lauter wurde das Geräusch. Sie konnte es kaum noch über ihren Ohren ertragen. Schon kam der Schatten drohend näher. „Kind, was machst denn du hier mitten in der Nacht?", fragte ihre Mutter. Verwirrt blickte Marion um sich. Schlafwandeln war ihr neu.

Aufgaben:

1. Unterstreiche die in dem merkwürdigen Text vorhandenen Präpositionen, Adverbien und Partikel.

2. Schreibe den Text ab und bringe die verkehrte Welt wieder in Ordnung. Benutze dafür die Präpositionen, Adverbien und Partikel unten und streiche sie jeweils durch. Beachte, dass sich bei veränderter Präposition der Fall des nachfolgenden Substantivs ändern kann.

   **unter – auf – vor – in – unten – in – aus – entlang –
   durch – hinab – hinunter – unter – auf – draußen –
   durch – aus – in – mit – auf – oben – durch**

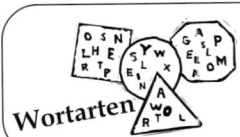

9. Die Konjunktion

■ Regeln und Aufgaben

Regeln

Konjunktionen (die Konjunktion – Bindewort)

- verbinden **gleichberechtigt nebeneinander** geordnete Wörter, Wortgruppen, Hauptsätze oder gleichartige Nebensätze miteinander.

- leiten **untergeordnet** Nebensätze ein und verbinden Haupt- und Nebensätze zu Satzgefügen.

■ Man unterscheidet Konjunktionen,

- die **anreihen**:

- die **ausschließen**:

- die **begründen**:

- die **entgegensetzen**:

- die **zeitbestimmend** sind:

- die die **Art und Weise** bestimmen:

Beispiele

➡ <u>Äpfel</u> **und** <u>Birnen</u> sind Früchte.

<u>Die Apfelsorte Granny</u> **und** <u>die Apfelsorte Boskop</u> unterscheiden sich im Geschmack.

<u>Das Wetter ist schön</u> **und** <u>die Menschen sind fröhlich</u>.

➡ Die Menschen sind fröhlich, **weil** die Sonne scheint.

➡ **und – auch – gleichfalls – sowohl ... als auch – nicht nur ... sondern auch – dann – darauf – außerdem**

➡ **oder – entweder ... oder – sonst – andernfalls**

➡ **denn – nämlich – somit – daher – darum – deshalb – deswegen – zwar ... aber – trotzdem**

➡ **aber – dennoch – dagegen indessen – vielmehr – nur**

➡ **während – solange – nachdem – sobald – seitdem**

➡ **indem – als ob – als wenn – ohne dass – soweit – kaum dass**

✒ _____ Aufgabe:

Bilde Satzgefüge mit möglichst vielen Konjunktionen der Beispiele oben.

Arbeitsblätter Grammatik für die Sek. I
© Verlag an der Ruhr, Postfach 10 22 51, 45422 Mülheim an der Ruhr, www.verlagruhr.de

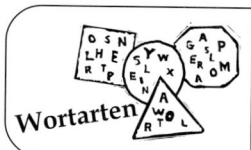
Bilde passende Satzgefüge:

➡ _____ , weil

_____ .

➡ _____ , da

_____ .

➡ _____ , als

_____ .

➡ _____ und

_____ .

➡ _____ , sondern

_____ .

➡ _____ , dass

_____ .

Während _____ ,

_____ .

Nachdem _____ ,

_____ .

➡ _____ , aber

_____ .

Nicht nur _____ , sondern auch

_____ .

Obwohl _____ ,

_____ .

Wenn _____ , dann

_____ .

Wann und wie _____ ,

_____ .

Je _____ , desto

_____ .

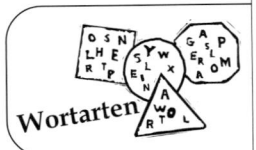

10. Die Interjektion

■ Regeln und Aufgaben

Regeln

■ Interjektionen (die Interjektion – Ausrufewort) heißen auch Empfindungswörter. Sie drücken Empfindungen und innere Anteilnahme aus.

- **Freude:**
- **Kummer und Schmerz:**
- **Zweifel:**
- **Zu-, Ausruf:**
- **Verwunderung:**
- **Unwillen:**
- **Angst:**
- **Ekel:**

Beispiele

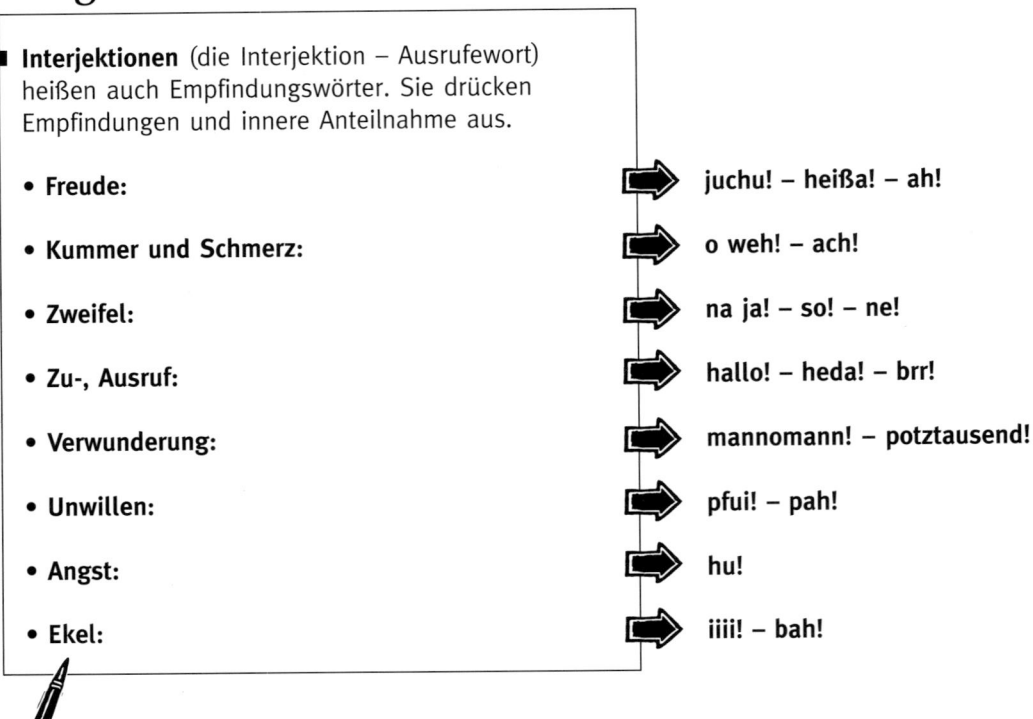

juchu! – heißa! – ah!

o weh! – ach!

na ja! – so! – ne!

hallo! – heda! – brr!

mannomann! – potztausend!

pfui! – pah!

hu!

iiii! – bah!

Aufgabe:

Setze passende Interjektionen ein. Bestimmt findest du noch andere als die oben genannten.

Kürzlich haben wir uns einen Horrorfilm angesehen. Mein Freund hatte mir schon Tage vorher davon vorgeschwärmt, wie schrecklich dieser Film doch sei. „_____ !“, rief ich ihm mit horrormäßiger Stimme zu, „_____ , ihr Geister, ihr Untoten, kommt raus aus euren Löchern!“ „_____ !“, stieß mein Freund überrascht hervor, „hast du mich aber erschreckt.“ „Und du willst in einen Horrorfilm?“, lachte ich. Schließlich gingen wir doch ins Kino. Die Werbung hatte schon begonnen, und es war dunkel im Saal. „_____ !“, rief die Platzanweiserin, „hier ist euer Platz!“ Von der Leinwand dröhnte ein Cowboy seinem Pferd zu: „_____ !“ Endlich konnte ich mich setzen, doch die Dame, auf deren Schoß ich landete, quiekte entrüstet: „_____ !“ Das konnte ja heiter werden! Dann begann der Hauptfilm. Schon bei der ersten Leiche griff die gerade noch empörte Dame nach meinem Arm und schnaufte ein tiefes _____ ! Als es dann etwas horrormäßiger wurde, saß die Frau fast auf meinem Schoß und jammerte: „_____ !“ Insgesamt war der Film wirklich der reine Horror, weil ich nichts davon mitbekam. Als wir schließlich wieder auf der Straße standen, jubelte ich lauthals: „_____ !“ Verwirrt starrte mich mein Freund an: „_____ ! Was ist denn in dich gefahren?“

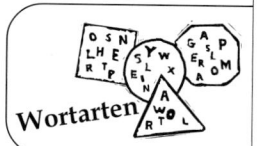
Wiederholung: Übung 1

In der Buchhandlung hat der Druckfehlerteufel gewütet. Aus vielen Büchern hat er Wörter gestohlen und sich daraus einen leckeren Wortsalat gemacht.
Gerade will er sich den Salat schmecken lassen, da kommt die Buchhändlerin herein.
Die hat nun Mühe, die Wörter zu sortieren und wieder in die Bücher einzuordnen.

Welche Wortarten findest du in dem Salat? Tipp: Es müssen vier sein!

Ordne die Wörter nach ihrer Art. Schreibe ins Heft.

1. Wortart: _____

2. Wortart: _____

3. Wortart: _____

4. Wortart: _____

der schnell Kind
ein Sprungbrett weint ist
laut Hund scheint
das die läuft
das Sonne hoch hell

Nachdem die Wörter nun zu Gruppen geordnet sind, stellt die Buchhändlerin fest, dass man daraus Sätze bilden kann. Genau diese Sätze fehlen in den Büchern.

Welche Sätze sind es? Schreibe sie ins Heft.

In einem Buch hat der Druckfehlerteufel so wild gewütet, dass sich die Wörter verändert haben. Aus ihnen wurde eine andere Wortart.

Kannst du dir denken, wie die Wörter verändert wurden und welche Wortart daraus entstand?

Aus diesen Wörtern wurden _____ .

Das Wort **schreiben** wurde zu **das** _____ .

Aus **lesen** wurde _____ .

Aus **geheim** wurde _____ .

Aus **gemein** wurde _____ .

Aus **essen** wurde _____ .

Aus **wissen** wurde _____ .

Auch das Lexikon hat der Druckfehlerteufel nicht verschont.
Dort findet man die Wörter eigentlich in ihrer Grundform.
Er hat sie verändert. **Kennst du die Grundform?**

Schreibe jedes Wort mit seiner Grundform in dein Heft.

ging – hatte gelobt – ist gerufen worden – schlief – träumt – wird malen

Das Fremdwort für die Grundform dieser Wortart kennst du sicher auch:

_____

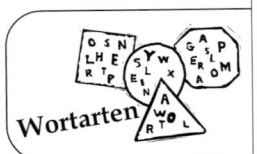

Wiederholung: Übung 2

1. Ergänze den Text.

Wörter, die Dingen und Personen den Namen geben, heißen _____ .

Meist haben diese Wörter einen Begleiter, den _____ . Dieses Wort

zeigt, ob man etwas **Bestimmtes** meint: _____ Buch und kein anderes!

Diese Wortart kann aber auch zeigen, dass man etwas **Allgemeines** meint:

Ich möchte gern _____ Buch ausleihen. Wörter, die uns über

das Geschehen Auskunft geben, heißen _____ . Wörter,

die die Eigenschaften von Personen, Dingen oder Begriffen angeben,

bezeichnen wir als _____ .

2. Schreibe unter jedes Wort des Satzes die richtige Bezeichnung für die Wortart.

Die   Feuerwehr   sprengte   einen   alten   Turm.

_____

3. Ergänze!

Die ist ein _____ .

Weitere Beispiele: _____

Feuerwehr ist ein _____ .

Weitere Beispiele: _____

sprengte ist ein _____ .

Weitere Beispiele: _____

einen ist ein _____ .

Weitere Beispiele: _____

alten ist ein _____ .

Weitere Beispiele: _____

Turm ist ein _____ .

Weitere Beispiele: _____

Das Wort **sprengte** heißt im Infinitiv _____ .

4. Nenne die Infinitive der folgenden Verben.

ging _____ kaufte _____ rief _____ bat _____

lief _____ schloss _____ lobte _____ springt _____

5. Unterstreiche die Adjektive.

Die Tierbändiger sind mutig. Die Löwen sind wild. Die Artisten sind unübertrefflich.

Die Trapezkünstler sind tollkühn. Die Clowns sind weltberühmt.

Arbeitsblätter Grammatik für die Sek. I

© Verlag an der Ruhr, Postfach 10 22 51, 45422 Mülheim an der Ruhr, www.verlagruhr.de

Wiederholung: Übung 3

1. Schreibe vier Wortarten auf, die du kennst.

_____ _____ _____ _____

2. Schreibe zu jeder Wortart 10 Beispiele auf.
   Aber Achtung: Je nach Wortart gibt es so viele vielleicht gar nicht!

_____ _____ _____ _____

_____ _____ _____ _____

_____ _____ _____ _____

_____ _____ _____ _____

_____ _____ _____ _____

_____ _____ _____ _____

_____ _____ _____ _____

_____ _____ _____ _____

_____ _____ _____ _____

_____ _____ _____ _____

3. Bilde 10 Sätze mit Wörtern deiner Tabelle und unterstreiche diese Wörter.

1. _____

2. _____

3. _____

4. _____

5. _____

6. _____

7. _____

8. _____

9. _____

10. _____

4. Bilde aus den folgenden Wörtern eine andere Wortart. Welche ist es?
   Schreibe nach folgendem Muster ins Heft.

   Aus **spielen** wird ... Aus der Wortart ... wird die Wortart ...
   Aus **rennen – kennen – wild – leiden – rein** wird ...

5. Hast du Endungen verwendet? Welche?

_____

Wortarten

Wiederholung: Übung 4

Aufgabe:

Im folgenden Text sind etliche Wörter verloren gegangen.
Kannst du die richtigen finden und ihre Art bestimmen?

Gerupfte Blumen

Als ich neulich nachmittags in den Garten _____ , um mir

meine _____ Tulpen _____ , traf mich

beinahe der Schlag. Da standen nur noch einige Stängel in der Gegend herum!

Alle Mühe und Pflege _____ umsonst _____ .

„Das kann nur der Hund gewesen sein!", _____ es mich.

_____ eilte ich ins Haus, _____ den

_____ Dackel am Halsband in den Garten, _____

auf die Bescherung und _____ ein Ungewitter von Beschimpfung

auf das _____ Tier herabgehen. Meine Güte, war ich vielleicht

_____ ! Ich _____ mich gar nicht mehr

beruhigen. So ein _____ Hund!

Geladen und unter Volldampf _____ ich zurück ins Haus.

Als ich die Wohnzimmertür _____ , traf mich erneut der Schlag.

Da war Heike, meine Frau, gerade dabei _____ wunderschöne

Tulpen in eine _____ Vase _____ .

Meine Tulpen! Meine Frau war also die Übeltäterin.

Der _____ Hund! Wo war er denn? Mit einer _____

Wurst, die ich in der Küche _____ , suchte ich ihn überall.

Ich _____ ihn schließlich, _____ auf dem

Sofa liegend. Es dauerte recht lange, bis er schließlich _____

meine Wurst annahm, die ich ihm auf Knien _____ .

Wortauswahl

ging – wütend – gnädig – geholt hatte – ließ – erbost – arme – dummer –

stampfte – durchfuhr – aufriss – zerrte – blaue – bedauernswerte – großen –

beleidigt – anbot – fand – war gewesen – verdutzten – zu stellen – zeigte –

konnte – wunderschönen – anzuschauen – einen Strauß

Streiche jedes benutzte Wort durch!

Arbeitsblätter Grammatik für die Sek. I
© Verlag an der Ruhr, Postfach 10 22 51, 45422 Mülheim an der Ruhr, www.verlagruhr.de

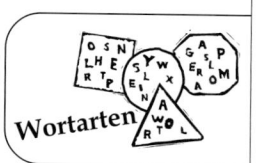

Wortarten

Wiederholung: Übung 5

Aufgabe:

Ordne die folgenden Wörter alphabetisch und bestimme ihre Art.

bunt – leer – Imker – stehen – Ball – blühen – Brei – Sebastian – fangen – Bogen – klug – Sonne – Esel – Korken – seicht – Drache – See – erbarmen – Lazarett – dahinten

Wörter in alphabetischer Reihenfolge	Wortart
1.	
2.	
3.	
4.	
5.	
6.	
7.	
8.	
9.	
10.	
11.	
12.	
13.	
14.	
15.	
16.	
17.	
18.	
19.	
20.	

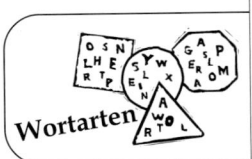

Test 1

Name: _____ Klasse: _____ Datum: _____

1. *Schreibe aus den beiden folgenden Sätzen alle Substantive heraus.* ☐

   Heute ist Aschermittwoch.
   An einem solchen Tag fällt es schwer, eine Arbeit zu schreiben.

   _____

2. *Schreibe aus den beiden folgenden Sätzen alle Adjektive heraus.* ☐

   Am Rosenmontag war das Wetter sehr schön.
   Darum waren alle Karnevalisten besonders fröhlich und guter Laune.

   _____

   _____

3. *Schreibe aus dem Text alle Verben heraus und setze sie in den Infinitiv.* ☐

   Die Narren tanzten, sangen und schunkelten auf den Straßen. Eine Reihe von
   Umzügen wurde im Fernsehen übertragen. So manche Feier wird am Wochenende
   für Stimmung gesorgt haben. Schließlich ist nur einmal im Jahr Karneval.
   Besonders die Menschen im Rheinland würden niemals darauf verzichten.

   _____

   _____

   _____

4. *Schreibe alle bestimmten Artikel auf.* ☐

   _____

5. *Wie heißen die unbestimmten Artikel?* ☐

   _____

6. *Welche Regeln würdest du für die Großschreibung von Wörtern nennen?* ☐

   _____

   _____

   _____

Bewertung: _____   **Punktzahl:**

Viel Erfolg!   Unterschrift: _____

Arbeitsblätter Grammatik für die Sek. I
© Verlag an der Ruhr, Postfach 10 22 51, 45422 Mülheim an der Ruhr, www.verlagruhr.de

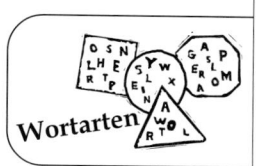

▪ Test 2

Name: _____ Klasse: _____ Datum: _____

1. Nenne von jeder der folgenden Wortarten mindestens drei Beispiele. ☐

Adjektiv: _____

Artikel: _____

Numeral: _____

Konjunktion: _____

Substantiv: _____

Präposition: _____

Verb: _____

2. Welche Wortart wird konjugiert? ☐

_____

3. Was heißt Konjugation/konjugieren? ☐

_____

4. Gib ein Beispiel für eine Konjugation: ☐

_____

5. Wie nennt man folgende Art der Wortveränderung: ☐

der Winter – des Winters – dem Winter – den Winter

_____

Gib ein weiteres Beispiel dafür:

_____

6. Stelle in Satzbeispielen dar, wie eine Wortart sich innerhalb verschiedener ☐
Zeitstufen verändert. Unterstreiche die Veränderungen.

_____

7. Was ist fremd in dieser Reihe? Unterstreiche! ☐

**die Frau – das Pferd – das Kind – der Wagen – das Schwimmen –
der Himmel – die Sonne**

Warum?

| Punktzahl |
| 1. Seite: |

_____

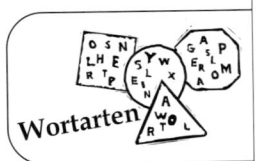
Name: _____ Klasse: _____ Datum: _____

8. *Schreibe den folgenden Text in richtiger neuer Rechtschreibung und Zeichensetzung auf.*

lesen macht freude wenn man sich in ein spannendes buch vertieft vergißt man das alltägliche und die welt wird weit man reist in gedanken in ferne länder und das fremde erscheint vertraut man lernt neue menschen und neue länder kennen das neue hat viele gesichter ein gutes buch kann so fesselnd sein daß man gar nicht hört wenn man beim namen gerufen wird

_____

_____

_____

_____

_____

_____

_____

_____

_____

_____

_____

_____

9. *Setze die richtigen Endungen ein:*

Das Hemd d_____ Bauarbeiter_____ war schmutzig.

Die Tierpflegerin gab d_____ Elefant_____ ein_____ Ball_____ Heu.

Es war seine Aufgabe, d_____ Täter zu fassen.

Viel Erfolg!

Bewertung: _____

Unterschrift: _____

| Punktzahl 2. Seite: |
| Übertrag 1. Seite: |
| Punktzahl gesamt: |

Die ZEITFORMEN

OHP-Übersicht: Die Zeitleiste

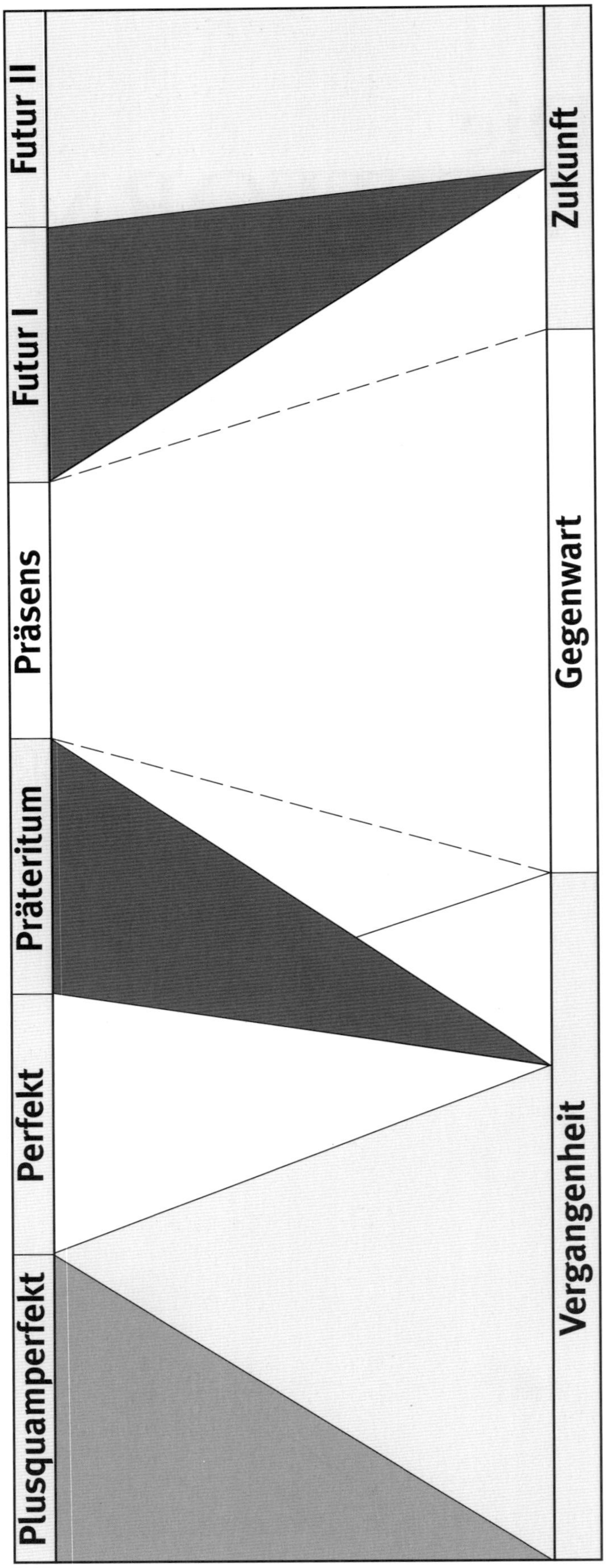

Plusquamperfekt	Perfekt	Präteritum	Präsens	Futur I	Futur II

Vergangenheit **Gegenwart** **Zukunft**

Erkläre die Zusammenhänge!

■ *Regeln*

Regeln

- ■ Man verwendet das **Präsens**,
  - • wenn man über einen Vorgang berichtet, der ungefähr zur gleichen Zeit abläuft.
  - • wenn man über einen immer wiederkehrenden Vorgang berichtet.
  - • wenn man etwas Zukünftiges aussagt.
  - • wenn man etwas Allgemeingültiges feststellt.
  - • wenn man den Lesern/Zuhörern etwas Vergangenes besonders lebhaft vor Augen führen will.

- ■ Man verwendet das **Präteritum**,
  - • wenn man über Vorgänge berichtet, die vergangen und abgeschlossen sind.

- ■ Man verwendet das **Perfekt**,
  - • wenn man vergangene Vorgänge darstellt, die noch bis in die Gegenwart hinein wirken.

- ■ Man verwendet das **Plusquamperfekt**,
  - • wenn man über Vergangenes erzählt und dabei auf ein noch früheres Geschehen hinweist.

- ■ Man verwendet das **Futur I**,
  - • wenn man deutlich ausdrücken will, dass ein Vorgang erst in der Zukunft stattfinden wird.

- ■ Man verwendet das **Futur II**,
  - • um Vermutungen zu äußern.
  - • um einen zukünftigen Vorgang und seine Auswirkung auf die fernere Zukunft auszudrücken.

- ■ Man verwendet das **Konditional I**,
  - • wenn man eine bedingte Möglichkeit ausdrücken will.

- ■ Man verwendet das **Konditional II**,
  - • wenn man auf eine bedingte Möglichkeit der Vergangenheit hinweisen will.

Beispiele

Dort **kommt** Uwe, er **hat** seinen Fußball dabei.

Die Sonne **geht** im Osten **auf**.

Bald **mache** ich meinen Führerschein.
Eisen **ist** schwerer als Holz.
Gestern **gehe** ich in den Zoo,
da **bricht** doch ein Elefant **aus**.

Die alten Ägypter **bauten** die Pyramiden.

Sie liegt im Krankenhaus, weil sie sich eine Lungenentzündung **zugezogen hat**.

Er strahlte vergangene Woche immer noch, weil er letztes Jahr den Endlauf **gewonnen hatte**.

Wir **werden** das Spiel **gewinnen**.

Sie **wird** wohl einen Grund **gehabt haben**.
Er **wird** <u>bis dahin</u> schon **geheiratet haben**.

Ich **würde kommen**, wenn ich Zeit **hätte**.

Ich **würde gekommen sein**, **hätte** ich Zeit **gehabt**.

■ OHP-Übersicht

Präsens

Gegenwart

gibt an, was jetzt geschieht

Ich <u>langweile</u> mich im Unterricht.

KANN angeben, was in der Vergangenheit geschah

<u>Gestern</u> <u>schlafe</u> ich in Deutsch ein,
da <u>weckt</u> mich doch der Lehrer.

KANN etwas Zukünftiges bezeichnen

<u>Im nächsten Schuljahr</u> <u>schlafe</u> ich mehr.

KANN etwas dauernd Wiederkehrendes ausdrücken

<u>Immer</u> <u>überkommt</u> mich der Schlaf gerade im Fach Deutsch.

Aufgaben:

1. Schreibe zu jedem Beispiel fünf weitere auf.

2. Erkläre, warum du dich nie im Deutschunterricht langweilst.

1. Präsens
■ Regeln und Aufgaben

Regeln	Beispiele

Regeln

■ **Verben** und **Hilfsverben**, die das Prädikat des Satzes bilden, geben auch die **Zeitstufe (das Tempus)** an, in der der Satz steht.

■ Die Zeitstufe **Präsens** (Gegenwart) kann über verschiedene zeitliche Zusammenhänge Auskunft geben.

1. Das Präsens gibt an, was **im Augenblick** geschieht.

2. Das Präsens kann **in besonderen Fällen** angeben, was **in der Vergangenheit** geschah.

3. Das Präsens kann etwas **Zukünftiges** bezeichnen.

4. Das Präsens kann ausdrücken, dass etwas **dauernd wiederholt** wird.

Beispiele

➡ Ich **sitze** im Kino. *(jetzt)*

➡ Gestern **sitze** ich im Kino, da **reißt** doch der Film.

➡ Morgen **gehe** ich ins Kino.

➡ Ständig **reißt** im Kino der Film.

Aufgabe:

Suche je 2 weitere Beispiele für die 4 Formen des Präsens.

1. Präsens

■ Übungsblatt

Ergänze die Tabellen. *(Indikativ: Wirklichkeitsform; Konjunktiv: Möglichkeitsform)*

Singular	Indikativ	Plural	Indikativ
1. Person	ich bin	1. Person	
2. Person		2. Person	
3. Person m		3. Person	
w			
s			

Singular	Konjunktiv	Plural	Konjunktiv
1. Person	ich sei	1. Person	
2. Person		2. Person	
3. Person m		3. Person	
w			
s			

Singular	Indikativ	Plural	Indikativ
1. Person	ich singe	1. Person	
2. Person		2. Person	
3. Person m		3. Person	
w			
s			

Singular	Konjunktiv	Plural	Konjunktiv
1. Person	ich sänge	1. Person	
2. Person		2. Person	
3. Person m		3. Person	
w			
s			

Singular	Indikativ – Passiv	Plural	Indikativ – Passiv
1. Person	ich werde getragen	1. Person	
2. Person	du wirst getragen	2. Person	
3. Person m		3. Person	
w			
s			

Singular	Konjunktiv – Passiv	Plural	Konjunktiv – Passiv
1. Person	ich werde getragen	1. Person	Konjunktiv = Indikativ
2. Person	du werdest getragen	2. Person	Konjunktiv = Indikativ
3. Person m		3. Person	Konjunktiv = Indikativ
w			
s			

m = männlich (Maskulinum), w = weiblich (Femininum), s = sächlich (Neutrum)

Arbeitsblätter Grammatik für die Sek. I

2. Präteritum

■ OHP-Übersicht

Präteritum

Vergangenheit

gibt an, was in der Vergangenheit geschah

Ich langweilte mich gestern im Deutschunterricht.

Aufgaben:

1. Schreibe 10 weitere Sätze im Präteritum auf.

2. Erkläre, warum du dich heute nicht im Deutschunterricht langweiltest.

■ Regeln und Aufgaben

Regeln

- Das **Präteritum** (Vergangenheit) drückt aus, was in der Vergangenheit geschehen ist. Wie das Präsens wird auch das Präteritum aus dem **Wortstamm** und einer entsprechenden **Endung** gebildet.

- Bei manchen Verben ändert sich der Stammvokal im Präteritum. Solche Verben nennt man **starke Verben**.

  Verben, bei denen der Stammvokal gleich bleibt, nennt man **schwache Verben**.

- Entsprechend spricht man bei der Änderung der Zeiten von der **schwachen** und der **starken Konjugation**. Man muss also bei der Bildung des Präteritums aufpassen, ob und wie sich der Stammvokal ändert.

Beispiele

 Verb: **hämmern**
Wortstamm: **hämmer-**
Präsens: ich hämmer**e**
Präteritum: ich hämmer**te**

 Präsens: ich singe
Präteritum: ich s**a**ng

 Präsens: ich l**a**che
Präteritum: ich l**a**chte

Aufgaben:

1. *Bilde Sätze im Präteritum mit folgenden Verben:*

   gleiten, schreiben, scheinen, streiten, spinnen, sinken, nehmen, geben, schmelzen, backen, schlagen, braten, halten, schneiden, lesen, weichen, fließen, gewinnen, sehen, essen, trinken, werben, fallen, laden, raten

2. *Suche weitere Verben, bei denen sich der Stammvokal ändert, und bilde das Präteritum.*

   klingen – klang, _____

   _____

   _____

   _____

   _____

   _____

   _____

   _____

   _____

   _____

Ergänze die Tabellen. *(Indikativ: Wirklichkeitsform; Konjunktiv: Möglichkeitsform)*

Singular	Indikativ		Plural	Indikativ
1. Person	ich war		1. Person	
2. Person			2. Person	
3. Person m			3. Person	
w				
s				

Singular	Konjunktiv		Plural	Konjunktiv
1. Person	ich wäre		1. Person	
2. Person			2. Person	
3. Person m			3. Person	
w				
s				

Singular	Indikativ		Plural	Indikativ
1. Person	ich trug		1. Person	
2. Person			2. Person	
3. Person m			3. Person	
w				
s				

Singular	Konjunktiv		Plural	Konjunktiv
1. Person	ich trüge		1. Person	
2. Person			2. Person	
3. Person m			3. Person	
w				
s				

Singular	Indikativ – Passiv		Plural	Indikativ – Passiv
1. Person	ich wurde gelobt		1. Person	
2. Person			2. Person	
3. Person m			3. Person	
w				
s				

Singular	Konjunktiv – Passiv		Plural	Konjunktiv – Passiv
1. Person	ich würde gelobt		1. Person	
2. Person			2. Person	
3. Person m			3. Person	
w				
s				

m = männlich (Maskulinum), w = weiblich (Femininum), s = sächlich (Neutrum)

■ *OHP-Übersicht*

Perfekt

Vollendete Gegenwart

beschreibt vergangene Ereignisse, die noch aktuell sind

Ich habe mich nie im Unterricht gelangweilt.

Ich bin zum Bus gerannt.

Aufgaben:

1. Schreibe 10 weitere Sätze im Perfekt auf.

2. Erkläre deinen Mitschülerinnen und Mitschülern, warum du ein(e) Streber(in) bist.

3. Perfekt

■ Regeln und Aufgaben

Regeln

■ Das **Perfekt** (vollendete Gegenwart) wird verwendet, wenn man über einen Vorgang spricht, der vorbei ist, der sich aber noch bis in die Gegenwart auswirkt.

■ Das Perfekt wird gebildet aus einer Form von **haben** oder **sein** und dem **Partizip Perfekt des Verbs** (Partizip = Mittelwort).

Beispiele

➡ Der Sturm **hat** (gestern) einen Baum **umgeknickt** (die Straße ist jetzt blockiert).

➡ Der Sturm **hat** ihn **umgeknickt**.
Die Form von haben lautet hier **hat**.
Das Verb im Infinitiv (Grundform) heißt **umknicken**. Das Partizip Perfekt von umknicken heißt also **umgeknickt**.

Aufgaben:

1. Bilde das Partizip Perfekt folgender Verben:

   laufen, ärgern, fischen, nennen, helfen, fehlen, pflegen, kommen, prüfen, loben, retten

   _____

   _____

   _____

   _____

2. Bilde 5 Sätze nach folgendem Muster:

   a) Ich sehe: Ein Baum liegt auf der Straße.

   b) Ich vermute: Der Sturm **hat** den Baum **umgeknickt**.

   Unterstreiche die Perfektform.

   _____

   _____

   _____

   _____

   _____

   _____

   _____

   _____

▪ Übungsblatt

Ergänze die Tabellen. *(Indikativ: Wirklichkeitsform; Konjunktiv: Möglichkeitsform)*

Singular	Indikativ	Plural	Indikativ
1. Person	ich bin gewesen	1. Person	
2. Person		2. Person	
3. Person m		3. Person	
w			
s			

Singular	Konjunktiv	Plural	Konjunktiv
1. Person	ich sei gewesen	1. Person	
2. Person		2. Person	
3. Person m		3. Person	
w			
s			

Singular	Indikativ	Plural	Indikativ
1. Person	ich habe gesagt	1. Person	
2. Person		2. Person	
3. Person m		3. Person	
w			
s			

Singular	Konjunktiv	Plural	Konjunktiv
1. Person	ich habe gesagt	1. Person	
2. Person	du habest gesagt	2. Person	
3. Person m		3. Person	
w			
s			

Singular	Indikativ – Passiv	Plural	Indikativ – Passiv
1. Person	ich bin getragen worden	1. Person	
2. Person		2. Person	
3. Person m		3. Person	
w			
s			

Singular	Konjunktiv – Passiv	Plural	Konjunktiv – Passiv
1. Person	ich sei getragen worden	1. Person	
2. Person		2. Person	
3. Person m		3. Person	
w			
s			

m = männlich (Maskulinum), w = weiblich (Femininum), s = sächlich (Neutrum)

Arbeitsblätter Grammatik für die Sek. I ▪
© Verlag an der Ruhr, Postfach 10 22 51, 45422 Mülheim an der Ruhr, www.verlagruhr.de

▪ OHP-Übersicht

Plusquamperfekt

Vollendete Vergangenheit

beschreibt vergangene Ereignisse, die weit in die Vergangenheit zurückreichen.

Ich _hatte_ mich schon mal im Unterricht _gelangweilt_.

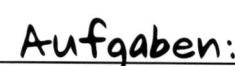

Aufgaben:

1. Schreibe 10 weitere Sätze im Plusquamperfekt auf.

2. Erkläre: Wann genau war das, als du dich gelangweilt hast?
   In welcher Stunde, bei welchem Lehrer, aus welchem Grund?
   Konntest du nichts Sinnvolles tun, z.B. Schiffe versenken?

Regeln und Aufgaben

Regeln

- Das **Plusquamperfekt** (vollendete Vergangenheit) beschreibt Vorgänge, die schon vor der erzählten Vergangenheit geschehen sind.

- Das Plusquamperfekt wird gebildet aus einer **Vergangenheitsform** von **haben** oder **sein** und dem **Partizip Perfekt des Verbs** (Partizip = Mittelwort).

- Zu beachten ist, dass beim Partizip Perfekt die Vorsilbe **ge-** fehlt, wenn das Verb eine feste Vorsilbe hat oder wenn die modalen Hilfsverben **müssen, sollen, können, dürfen** verwendet werden.

Beispiele

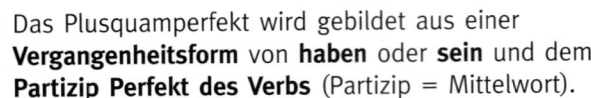

Sie erzählte, dass ihr Vater ihr <u>schon vor Jahren</u> ein Haus **hinterlassen hatte**.
Er **war** <u>längst</u> der Besitzer eines Bauernhofs **geworden**, als er auch noch einen Fischteich erbte.
Die Brüder berichteten, dass sie ihr Leid <u>von Jugend an</u> **geteilt hatten**.

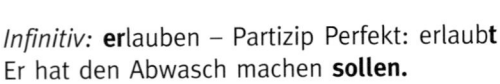

Die Brüder **hatten** ihr Leid **geteilt**.
Die Form von <u>haben</u> *lautet hier* **hatten**.
Das <u>Verb im Infinitiv</u> *(Grundform) heißt* **teilen**.
Das Partizip Perfekt von <u>teilen</u> *heißt also* **geteilt**.

Infinitiv: **er**lauben – *Partizip Perfekt:* erlaub**t**
Er hat den Abwasch machen **sollen**.
(nicht: gesollt!)

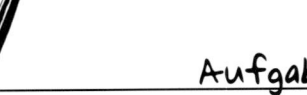

Aufgaben:

1. Schreibe ein Erlebnis auf, worin etwas vorkommt, das vor dem eigentlichen Ereignis passiert ist. Achte genau auf die Zeit!

2. Bilde aus den Perfektformen das Plusquamperfekt. Was ändert sich?

Perfekt	Plusquamperfekt	Änderung?
ich habe gesungen		
sie ist gelaufen		
er hat spielen dürfen		
du hast gelesen		
ihr seid gewandert		
es ist passiert		
sie haben gekämpft		
sie hat getrunken		
er hat erlaubt		
wir haben gewählt		

4. Plusquamperfekt
■ Übungsblatt

Ergänze die Tabellen. *(Indikativ: Wirklichkeitsform; Konjunktiv: Möglichkeitsform)*

Singular	Indikativ	Plural	Indikativ
1. Person	ich war gewesen	1. Person	
2. Person		2. Person	
3. Person m		3. Person	
w			
s			

Singular	Konjunktiv	Plural	Konjunktiv
1. Person	ich wäre gewesen	1. Person	
2. Person		2. Person	
3. Person m		3. Person	
w			
s			

Singular	Indikativ	Plural	Indikativ
1. Person	ich hatte gewettet	1. Person	
2. Person		2. Person	
3. Person m		3. Person	
w			
s			

Singular	Konjunktiv	Plural	Konjunktiv
1. Person	ich hätte gewettet	1. Person	
2. Person		2. Person	
3. Person m		3. Person	
w			
s			

Singular	Indikativ – Passiv	Plural	Indikativ – Passiv
1. Person	ich war gerufen worden	1. Person	
2. Person		2. Person	
3. Person m		3. Person	
w			
s			

Singular	Konjunktiv – Passiv	Plural	Konjunktiv – Passiv
1. Person	ich wäre gerufen worden	1. Person	
2. Person		2. Person	
3. Person m		3. Person	
w			
s			

m = männlich (Maskulinum), w = weiblich (Femininum), s = sächlich (Neutrum)

5. Futur I

■ OHP-Übersicht

Futur I

Zukunft

beschreibt zukünftige Ereignisse

**Ich <u>werde</u> mich im Unterricht
montags, mittwochs und freitags <u>langweilen</u>.**

Aufgaben:

1. Schreibe 10 weitere Sätze im Futur I auf.

2. Erkläre, was dienstags und donnerstags mit dir los ist.
Oder bist du dann krank?

5. Futur I
■ Regeln und Aufgaben

Regeln

- Das **Futur I** (Zukunft) wird verwendet, um zukünftige Vorgänge auszudrücken.

- Das Futur I wird gebildet aus einer Form von **werden** und dem **Infinitiv des Verbs**.

Beispiele

➡ Der Bundestag **wird** <u>morgen</u> eine Fragestunde **durchführen**.

➡ Die genaue Zeitangabe (wann) lautet hier: **morgen**. Das Futur wird gebildet aus **werden** und **durchführen**.

Aufgaben:

1. Schreibe den folgenden Text ab und unterstreiche das Futur.

Über 10 Milliarden Menschen werden in 25 Jahren schätzungsweise auf der Erde leben. Das geht aus neuen Studien der UN hervor. Damit wird sich die Weltbevölkerung fast verdoppeln. Asien wird seinen Anteil knapp halten. Den stärksten Zuwachs werden Afrika und Lateinamerika aufweisen.

Dagegen wird Europa nur wenig mehr Einwohner als jetzt haben, da die Zahlen in den Industrienationen rückläufig sind. Forscher sagen voraus, dass sogar eine verstärkte Einwanderung nötig sein wird, damit wir unseren Lebensstandard halten können.

2. Wandle den folgenden Text ins Futur I um.
Stell dir vor, du bist Heike und erzählst deiner Freundin,
was genau du nächsten Samstagnachmittag tun wirst.
Schreibe ins Heft.

Samstagnachmittag

Solang Heike sich erinnern kann, fährt sie jeden Samstagnachmittag mit ihren Eltern zu ihren Großeltern. Immer gibt es schon morgens Streit darüber, ob sie eine ordentliche Hose anziehen muss oder ob sie in ihrer schmuddeligen Lieblingshose fahren darf. Bisher hat Heike immer gewonnen. Die Fahrt zu ihren Großeltern dauert etwa eine Stunde mit dem Auto. Wenn sie ankommen, holt Heikes Oma immer den gerade fertig gewordenen Butterkuchen aus dem Ofen. Jedes Mal entschuldigt sie sich, dass er diesmal nicht so gut geworden sei. Heikes Eltern sagen jeden Samstag, dass das Haus herrlich dufte und dass Omas Butterkuchen der beste sei. Beim Kaffeetrinken erzählt Heikes Opa dann den Witz von dem Engländer, dem Russen und dem Amerikaner, die auf einer einsamen Insel gestrandet sind. Vor lauter Aufregung vergisst er die Pointe,

sodass Heikes Vater den Witz richtig zu Ende erzählen muss. Heikes Opa wundert sich jedes Mal, dass Heikes Vater den Witz schon kennt. Wenn die Oma auf die Toilette geht, weil sie eine schwache Blase hat, fragt Heike jedes Mal, ob der Opa sein Gebiss herausnehmen und ihr zeigen würde. (Das hat sie zum ersten Mal gemacht, als sie vier Jahre alt war, und seitdem ist es zu einer Familientradition geworden.) Der Opa zeigt es ihr immer genau in dem Moment, in dem Heikes Oma gerade in den Raum kommt. Heikes Oma ist das furchtbar peinlich und jedes Mal ruft sie ganz entsetzt: „Aber Albert!", denn so heißt Heikes Opa. Wenn Heike dann mit ihren Eltern zurück nach Hause fährt und die Großeltern ihnen von der Haustür aus fröhlich lächelnd zuwinken, weiß Heike, dass ihre Oma ihrem Opa gerade böse zuzischt, dass er das mit dem Gebiss ja nicht wieder tun solle.

Ergänze die Tabellen. *(Indikativ: Wirklichkeitsform; Konjunktiv: Möglichkeitsform)*

Singular	Indikativ	Plural	Indikativ – Aktiv
1. Person	ich werde sein	1. Person	_____
2. Person	du wirst sein	2. Person	_____
3. Person m	_____	3. Person	_____
w	_____		
s	_____		

Singular	Konjunktiv	Plural	Konjunktiv – Aktiv
1. Person	ich werde sein	1. Person	Konjunktiv = Indikativ _____
2. Person	du werdest sein	2. Person	Konjunktiv = Indikativ _____
3. Person m	er werde _____	3. Person	Konjunktiv = Indikativ _____
w	_____		
s	_____		

Singular	Indikativ	Plural	Indikativ – Aktiv
1. Person	ich werde tragen	1. Person	_____
2. Person	du wirst _____	2. Person	_____
3. Person m	_____	3. Person	_____
w	_____		
s	_____		

Singular	Konjunktiv	Plural	Konjunktiv – Aktiv
1. Person	ich werde tragen	1. Person	Konjunktiv = Indikativ _____
2. Person	du werdest _____	2. Person	Konjunktiv = Indikativ _____
3. Person m	_____	3. Person	Konjunktiv = Indikativ _____
w	_____		
s	_____		

Singular	Indikativ – Passiv	Plural	Indikativ – Passiv
1. Person	ich werde getragen werden	1. Person	_____
2. Person	du wirst _____	2. Person	_____
3. Person m	_____	3. Person	_____
w	_____		
s	_____		

Singular	Konjunktiv – Passiv	Plural	Konjunktiv – Passiv
1. Person	ich werde getragen werden	1. Person	Konjunktiv = Indikativ _____
2. Person	du werdest _____	2. Person	Konjunktiv = Indikativ _____
3. Person m	_____	3. Person	Konjunktiv = Indikativ _____
w	_____		
s	_____		

m = männlich (Maskulinum), w = weiblich (Femininum), s = sächlich (Neutrum)

▪ *OHP-Übersicht*

Futur II

Vollendete Zukunft

beschreibt Vermutungen oder weit in die Zukunft reichende und dort abschließende Ereignisse

Vermutung:
Ich <u>werde</u> mich im Unterricht wohl <u>gelangweilt haben</u>.

Bis zur nächsten Deutschstunde <u>werde</u> ich mich noch zehnmal <u>gelangweilt haben</u>.

Aufgaben:

1. *Schreibe von beiden Beispielen je 5 weitere Sätze im Futur I auf.*

2. *Erkläre, wie du zu deiner Vermutung kommst?*
   Und in welchen anderen Fächern langweilst du dich noch?
   Was sagen deine Lehrer, deine Eltern und dein Meerschweinchen dazu?

Regeln und Aufgaben

Regeln

- Das **Futur II** (Vollendete Zukunft) wird verwendet, um Vermutungen zu äußern und um zukünftige Vorgänge und ihren weiteren Verlauf auszudrücken.

- Das Futur II wird gebildet aus Formen von **werden, haben** und **sein** und dem **Partizip Perfekt** des Verbs.

Beispiele

➡ Das Buch **werde** ich vermutlich nächste Woche **gelesen haben**.
Nächstes Jahr um diese Zeit **werde** ich den Urlaub bereits **beendet haben**.
Ich hoffe, ich **werde** zu dem Vorgang bis zum Sommer **befragt worden sein**.

➡ verwendete Partizipien:
gelesen – beendet – befragt

Aufgabe:

Schreibe eine Zukunftsgeschichte: Unser Leben im Jahre 2050.
Diese Zeit wirst du sicher noch erleben. Schreibe also auf,
wie du dir die Entwicklung vorstellst, aber auch, wie du sie dir wünschst.
Baue besonders Vermutungen im Vergleich mit heute in die Geschichte ein.

Beispiel:
Bis zum Jahre 2050 werden wohl alle Autos abgeschafft worden sein.

6. Futur II
■ Übungsblatt

Ergänze die Tabellen. *(Indikativ: Wirklichkeitsform; Konjunktiv: Möglichkeitsform)*

Singular	Indikativ		Plural	Indikativ
1. Person	ich werde gewesen sein		1. Person	
2. Person	du wirst gewesen sein		2. Person	
3. Person m			3. Person	
w				
s				

Singular	Konjunktiv		Plural	Konjunktiv
1. Person	ich werde gewesen sein		1. Person	Konjunktiv = Indikativ _____
2. Person	du werdest _____		2. Person	Konjunktiv = Indikativ _____
3. Person m			3. Person	Konjunktiv = Indikativ _____
w				
s				

Singular	Indikativ		Plural	Indikativ
1. Person	ich werde gelogen haben		1. Person	
2. Person	du wirst _____		2. Person	
3. Person m			3. Person	
w				
s				

Singular	Konjunktiv		Plural	Konjunktiv
1. Person	ich werde gelogen haben		1. Person	Konjunktiv = Indikativ _____
2. Person	du werdest _____		2. Person	Konjunktiv = Indikativ _____
3. Person m			3. Person	Konjunktiv = Indikativ _____
w				
s				

Singular	Indikativ – Passiv		Plural	Indikativ – Passiv
1. Person	ich werde getragen worden sein		1. Person	
2. Person	du wirst getragen _____		2. Person	
3. Person m			3. Person	
w				
s				

Singular	Konjunktiv – Passiv		Plural	Konjunktiv – Passiv
1. Person	ich werde getragen worden sein		1. Person	Konjunktiv = Indikativ _____
2. Person	du werdest _____		2. Person	Konjunktiv = Indikativ _____
3. Person m			3. Person	Konjunktiv = Indikativ _____
w				
s				

m = männlich (Maskulinum), w = weiblich (Femininum), s = sächlich (Neutrum)

■ Regeln und Aufgaben

Regeln

- Das Konditional wird in der deutschen Sprache nur sehr selten verwendet.

- Das Konditional I (erste Bedingungsform) wird verwendet, um *mögliche* Vorgänge auszudrücken.

- Das Konditional I wird gebildet aus dem Konjunktiv von werden und dem Infinitiv des Verbs.

- Das Konditional II (zweite Bedingungsform) wird verwendet, um Vorgänge auszudrücken, deren *Möglichkeit in der Vergangenheit* bestanden hat.

- Das Konditional II wird gebildet aus dem Konjunktiv von werden, dem Partizip **Perfekt des Verbs** und **sein** oder **haben**.

Beispiele

➡ Ich **würde singen**, wenn ich eine gute Stimme hätte.

➡ Ich **würde gesungen haben**, hätte ich eine gute Stimme gehabt.

Aufgabe:

Wandle um in Konditional I und II.

Präsens	Konditional I	Konditional II
ich gehe		
du gehst		
er/sie/es geht		
wir gehen		
ihr geht		
sie gehen		

Präsens	Konditional I	Konditional II
ich bade		
du badest		
er/sie/es badet		
wir baden		
ihr badet		
sie baden		

Lehrgang zum Selbstlernen 1

Name: _____ Klasse: _____ Datum: _____

Der Gebrauch der Tempusformen (*Zeitformen*)

Diesen Lehrgang kannst du selbstständig durcharbeiten und dabei lernen, wie man mit den verschiedenen Zeitstufen umgeht.

Eine merkwürdige Unterhaltung – Teil 1

Hirn- und Sprachforscher interessiert, wie das menschliche Gehirn Sprache verarbeitet. Um dies zu untersuchen, werden Versuchspersonen inhaltlich unsinnige, aber vom Satzbau eindeutig erkennbare Texte vorgesetzt. In diese Texte sind einige syntaktische, d.h. den Satzbau betreffende Fehler eingebaut. Die Frage ist, ob die Versuchspersonen in der Lage sind, diese Texte zu korrigieren.

Willst du auch mal Versuchsperson sein? Hier ist eine merkwürdige Unterhaltung:

„Was tackeln der Wöbel jetzt auf dem Knülm?"
„Er kölkte dort gerade die Sülpse, um den Treckl zu febbst."
„Ach, in Zukunft wird noch jemand gefröggelt worden sein! Gestern, zum Beispiel, werden dort beinahe die Kinkse geflappt haben."

Unterstreiche die „Verben" im Text und setze sie in die richtige Personalform. Schreibe ins Heft.

Trage die Personalformen der Verben mit Zeitangaben in die Tabelle ein.

Personalform	Zeitangabe

Stelle anhand der Zeitangaben fest, <u>wann</u> das Geschehen des Gesprächs sich abspielt.

_____

_____

Lehrgang zum Selbstlernen 2

Name: _____ Klasse: _____ Datum: _____

Eine merkwürdige Unterhaltung – Teil 2

Eine Woche später erzählt einer der Gesprächsteilnehmer einem Fremden von seiner Unterhaltung:

„Letzte Woche glenken ich, während der Wöbel auf dem Knülm tackelt. Er kölken dort die Sülpse, weil er den Treckl febbse wollte. Ich prökel, denn am Tag zuvor hätten dort beinahe die Kinkse flappen. Aber glücklicherweise schnicken alles."

Beachte: Diese Erzählung findet eine Woche später statt!
Setze auch hier die Verben in die richtige Personalform.
Schreibe ins Heft.

Trage die Personalformen der Verben mit Zeitangaben in die Tabelle ein.

Personalform	Zeitangabe

Vergleiche beide Texte. Wann spielt das Geschehen im Gespräch?

_____

Wann spielt das Geschehen in der Erzählung?

_____

Arbeitsblätter Grammatik für die Sek. I
© Verlag an der Ruhr, Postfach 10 22 51, 45422 Mülheim an der Ruhr, www.verlagruhr.de

Lehrgang zum Selbstlernen 3

Name: _____ Klasse: _____ Datum: _____

Auf Sendung

In einem Fernsehstudio. Es ist 19 Uhr. Eine Kamera filmt einen Vorgang.
Was könnte die Kamera filmen? Schreibe es auf.

_____

_____

_____

_____

Vor dem Fernseher

Zu Hause auf dem Sofa vor dem Fernsehgerät. Es ist 19 Uhr.
Ein Zuschauer sieht einen Vorgang auf dem Bildschirm.
Was sieht der Zuschauer? Schreibe es auf.

_____

_____

_____

_____

Ergänze:

Die Kamera _____ einen Vorgang. Der Zuschauer _____

diesen Vorgang in dem Augenblick, in dem er _____ . Filmen und

Anschauen geschieht _____ . Würde man das Ganze im Radio

erleben, dann müsste man die Kamera ersetzen durch _____ .

Zu Hause müssten statt der Augen _____ eingesetzt werden.

Der ursprünglich sichtbare Vorgang wird in gesprochene Sprache umgewandelt.

Zusammenfassung:

Die Kamera filmt, was gerade _____ .

Der Zuschauer sieht, was gerade _____ .

Der Sprecher berichtet, was gerade _____ .

Der Hörer hört, was gerade _____ .

All das geschieht jetzt gerade, im selben Augenblick, genau um 19 Uhr.

Daher müssen alle Verben, die diesen Vorgang beschreiben, im **Präsens** stehen.

▪ *Lehrgang zum Selbstlernen 4*

Name: _____ Klasse: _____ Datum: _____

Fernsehaufzeichnung

In einem Fernsehstudio. Es ist 19 Uhr. Eine Kamera filmt eine Sendung, die später gesendet werden soll. Was könnte die Kamera filmen? Schreibe es auf.

_____

_____

_____

Vor dem Fernseher

Zu Hause auf dem Sofa vor dem Fernsehgerät. Es ist 23 Uhr. Ein Zuschauer sieht die Sendung. Er weiß aber, dass sie aufgezeichnet wurde. Was denkt der Zuschauer? Schreibe es auf.

Um 19 Uhr _____

_____

_____

Ergänze:

Die Kamera _____ einen Vorgang. Der Zuschauer _____

diesen Vorgang erst _____ , nachdem _____ .

Filmen und Anschauen geschieht nicht _____ . Würde man das Ganze

im Radio erleben, dann würde der Sprecher von einem Vorgang berichten, der

_____ . Zu Hause am Radio würde man hören, dass ein Vorgang

_____ stattgefunden hat.

Zusammenfassung:

Die Kamera filmt etwas, das _____ .

Der Zuschauer sieht, was schon _____ .

Der Sprecher berichtet, was schon _____ .

Der Hörer hört, was bereits _____ .

Das Geschehen, über das der Zuschauer/Zuhörer um 23 Uhr erfährt, liegt zurück und ist bereits seit 19 Uhr vergangen. Daher müssen alle Verben, die diesen Vorgang beschreiben, im **Präteritum** stehen.

☞ Merke:

Diese Personalform wird gebraucht, wenn etwas in der Vergangenheit geschehen ist. Diese Zeitstufe der Personalform heißt PRÄTERITUM.

Arbeitsblätter Grammatik für die Sek. I ▪

Name: _____ Klasse: _____ Datum: _____

Burgball

Der Spielleiter zieht zwei Kreise mit Kreide (bzw. draußen mit Steinen): einen großen von etwa 6 m Durchmesser, der einen kleinen Kreis von etwa 3 m Durchmesser einschließt. Der kleine Kreis stellt die Burg dar, in deren Mitte der „Schatz" ruht, z.B. eine Konservendosenpyramide, ein Marmeladeneimer oder Ähnliches. Am Rand des kleinen Kreises stehen drei bis vier „Verteidiger" des Schatzes. Sie dürfen das Innere des kleinen Kreises nicht betreten. Am Rand des größeren Kreises stehen beliebig viele „Angreifer". Auch sie dürfen ihre Kreislinie nicht nach innen übertreten. Mit drei oder vier Bällen wird nun versucht, an den Verteidigern vorbei den Schatz zu treffen. Die Verteidiger können – wie jeder Torwart – die Bälle mit allen Körperteilen abwehren. Wer von den Angreifern die meisten Treffer erzielt, ist Punktsieger. Man kann auch nach Zeit spielen und dann die Mannschaften – Verteidiger und Angreifer – wechseln.

In einer Pause oder Spielstunde habt ihr dieses Spiel vielleicht gespielt. Übernimm die Rolle des Sportreporters und berichte:

„Das Spielfeld ist vorbereitet – zwei Kreise sind gezogen. In der Mitte des kleineren Kreises steht eine Pyramide aus Konservendosen: der Schatz, der von den Angreifern erobert werden muss. Der Klassenlehrer ist Schiedsrichter, er lässt den Platz auslosen, auf dem die Mannschaften spielen: Angreifer oder Verteidiger …

_____

_____

_____

_____

_____

Wenn du abends deinen Eltern über das Spiel erzählst, musst du die Verben anders gestalten:

_____

_____

_____

_____

Für deine Erzählung musst du das Tempus _____ wählen.

Lehrgang zum Selbstlernen 6a

Name: _____ Klasse: _____ Datum: _____

Unfall beim Spielen

Die Kinder spielen mal wieder trotz Verbots auf der Straße. Da passiert es!
Uwe hat es erwischt!

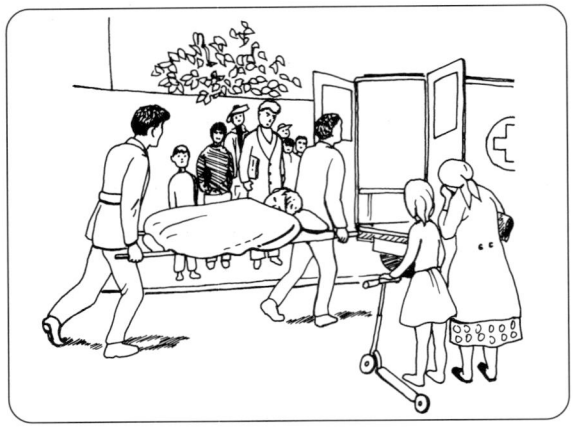

Nachdem Uwe aus seiner Bewusstlosigkeit aufgewacht ist,
erzählt er, was ihm zugestoßen ist:

_____

_____

Der Arzt stellt ihm noch einige Fragen: *„Was hast du auf der Straße gemacht?"*

Uwe: _____

Arzt: „Hast du das Auto gesehen?"

Uwe: _____

Arzt: _____

Uwe: _____

Arzt: _____

Uwe: _____

Arbeitsblätter Grammatik für die Sek. I
© Verlag an der Ruhr, Postfach 10 22 51, 45422 Mülheim an der Ruhr, www.verlagruhr.de

Name: _____ Klasse: _____ Datum: _____

Unfall beim Spielen *(Fortsetzung)*

Wann erzählt Uwe von seinem Unfall?

_____

Wann ist der Unfall geschehen?

_____

Unterstreiche die Personalformen der Verben in dem Gespräch zwischen Arzt und Uwe und schreibe sie auf.

_____

_____

_____

_____

_____

_____

Wenn du es richtig gemacht hast, stellst du fest, dass die Personalformen aus zwei Teilen bestehen: dem **Hilfsverb** und dem **Partizip Perfekt des Verbs**.

Hilfsverben können sein:

_____ .

Hilfsverben haben die Aufgabe,

_____ .

Das Partizip Perfekt wird (meistens) gebildet aus einer Form des Verbs

und der Vorsilbe _____ .

An welcher Stelle im Satz steht das Hilfsverb?

_____ .

An welcher Stelle im Satz steht das Partizip Perfekt?

_____ .

 **Merke:** Diese Personalform wird gebraucht, wenn man auf einen vergangenen Vorgang zurückblickt, der bis in die Gegenwart hineinwirkt. Diese Zeitstufe der Personalform heißt PERFEKT (vollendete Gegenwart).

Lehrgang zum Selbstlernen 7

Name: _____ Klasse: _____ Datum: _____

Voller Einsatz nach der Kur

Anitas Mutter war drei Wochen zu einer Kur, die ihr vom Arzt verordnet worden war. Die Kinder hatten sich während dieser Zeit selbst versorgt. Als die drei Wochen vorüber waren, warteten die Kinder gespannt auf die Rückkehr der Mutter. Sie wussten noch nicht genau, an welchem Tag und zu welcher Uhrzeit sie ankommen würde.

Anita erzählt ihrer Freundin von der Ankunft der Mutter:

„Ich war gerade in der Küche, da klingelte das Telefon. Du kannst dir denken, wie erstaunt ich war, als Mutter sich meldete und ihre Ankunft für den Nachmittag ankündigte. Ich trommelte gleich meine Geschwister zusammen, und wir beschlossen, die Wohnung auf Hochglanz zu bringen. Ich holte ein neues Tischtuch aus dem Schrank. Rolf rannte zum Bäcker. Peter und Knut räumten ihre Sachen weg und holten den Staubsauger. Gisela, noch etwas schwach auf dem verstauchten Knöchel, deckte den Tisch und setzte Wasser für den Kaffee auf. Knut machte den Vorschlag, dass wir uns alle verstecken sollten, wenn es klingelte. Es klingelte! Die Tür öffnete sich wie von Geisterhand bewegt. Mutter war sehr erstaunt. Niemand da? Sie schaute sich um. Alles war in schönster Ordnung, aus der Küche schlug ihr eine Wolke Kaffeeduft entgegen. Sie ging in den Garten und wollte nachsehen, ob wir uns dort versteckt hatten. In diesem Augenblick fiel die Meute brüllend über sie her. Nur Gisela humpelte ein wenig hinterher ..."

Anitas Mutter erzählt später von ihrer Rückkehr:

„Ich rief vorsorglich bei den Kindern an und kündigte meine Ankunft für den späten Nachmittag an. Ich machte mir Sorgen, wie es wohl zu Hause aussehen würde. Mit dem Taxi fuhr ich nach Hause und klingelte. Die Tür ging wie von selbst auf. Wie war ich aber erstaunt, als ich mich umsah. Wohnzimmer und Küche waren blitzblank, der Tisch war gedeckt ...

1. *Erzähle weiter! Schreibe ins Heft.*

2. *Unterstreiche die Personalformen.*

3. *Schreibe auf, was die Kinder alles getan hatten, bevor die Mutter zurückkam:*

   Sie hatten die Wohnung auf Hochglanz gebracht.
   Sie hatten ...
   Rolf ...
   Peter und Kurt ...
   Gisela ...
   Knut ...
   Sie ...

Merke:

Diese Personalform wird gebraucht, wenn man einen vergangenen Vorgang erzählt und dabei noch weiter in die Vergangenheit zurückblickt. Diese Zeitstufe der Personalform heißt PLUSQUAMPERFEKT (vollendete Vergangenheit).

◼ *Lehrgang zum Selbstlernen 8*

Name: _____ Klasse: _____ Datum: _____

Übersicht über die Tempora (Zeitformen), die in diesem Lehrgang behandelt wurden:

Präsens

Das Präsens wird eingesetzt, um einen Vorgang zu beschreiben, der jetzt gerade, seit einiger Zeit oder später abläuft.

Beispiele *(füge weitere hinzu):*

Ich **trinke** Milch. (jetzt) _____

_____

Die Waschmaschine läuft. (seit zwei Stunden) _____

_____

Ich **fahre** morgen mit der Bahn. _____

_____

Präteritum

Das Präteritum wird eingesetzt, wenn man Vergangenes erzählt.

Beispiele *(füge weitere hinzu):*

Plötzlich **fiel** der Strom **aus**. _____

_____

_____

Perfekt

Das Perfekt wird eingesetzt, um einen Vorgang der Vergangenheit vom Standpunkt der Gegenwart aus zu beschreiben.

Beispiele *(füge weitere hinzu):*

Petra **hat** Eis **gekauft**. (das sie gerade isst) _____

_____

_____

Plusquamperfekt

Das Plusquamperfekt wird eingesetzt, um von einem Vorgang der Vergangenheit aus noch weiter in die Vergangenheit zurückzublicken.

Beispiele *(füge weitere hinzu):*

Petra **hatte** sich <u>letztes Jahr</u> schon mal ein Eis **gekauft**. _____

_____

_____

■ Wiederholung: Übung 1

Dies ist eine erfundene Rundfunkreportage über ein erfundenes Bundesliga-Fußballspiel. Die Vereine und die Spieler kannst du selbst ergänzen. Lies den Text genau durch.

Wir melden uns aus dem _____-Stadion vom Spiel

_____ gegen _____.

Im Augenblick laufen die letzten Minuten der zweiten Halbzeit. Der Spielstand ist 1 : 0

für die Gastgeber/Gäste. Es ist ein hervorragendes Spiel. Beide Mannschaften spielen

mit vollem Einsatz. In der ersten Halbzeit waren die _____

eindeutig die überlegene Mannschaft. Sie haben wirklich alles gegeben. Das Tor wurde

erzielt durch _____ am Ende der ersten Halbzeit und

war vollauf verdient. Aber seit etwa 30 Minuten stürmt nur noch eine Mannschaft,

nämlich _____ . Wir sind alle gespannt, ob sie den

Ausgleich schafft. Die 90. Minute ist angebrochen. _____

hat den Ball, er passt zu _____ . Der umspielt einen,

zwei _____ Spieler, flankt den Ball vor das Tor.

_____ köpft, doch _____

, der ausgezeichnete _____ Torhüter, faustet den Ball

zur Ecke. _____ tritt die Ecke. Hoch kommt der Ball herein,

_____ wehrt ab – zu kurz. _____

schießt – Pfosten. Nachschuss von _____ . Toooor!

Toooor! 1 : 1! Wer hätte das noch erwartet? Es läuft die 91. Minute. Wann wird der

Schiedsrichter das Spiel beenden? Er lässt wegen eines Spielers, der sich in der 60.

Minute verletzt hatte, völlig zu Recht etwas nachspielen. Die Fans zittern noch, aber

dann ertönt der Schlusspfiff. Ein begeisterndes Spiel ist zu Ende. Es bleibt beim End-

stand von 1 : 1 zwischen _____ und

_____ . Wir geben zurück ins Funkhaus.

Aufgaben:

1. *Schreibe einen Artikel über das Spiel für die Sportseite deiner Heimatzeitung. Denke daran: Das Spiel war am Samstag, die Zeitung erscheint am Montag. Berichte besonders über die spannenden letzten Minuten.*

2. *Schreibe einen Brief an einen Freund/eine Freundin und berichte über das Spiel so, als ob du es selbst erlebt hättest. Vergiss nicht, dass ein Brief eine Einleitung und einen Schluss hat.*

3. *Unterstreiche im Beispieltext die Prädikate und bestimme die Zeitformen (Tempus).*

Wiederholung: Übung 2

Aufgabe:

Bestimme die Zeitstufe, in der die Sätze stehen.
Schreibe zwei Sätze im gleichen Tempus hinzu.

1. Der Schaffner kontrolliert die Fahrkarten.　　　**Tempus:** _____

_____

_____

2. Das Mädchen gab dem Hund Futter.　　　**Tempus:** _____

_____

_____

3. Der Hund hatte den Ball gejagt.　　　**Tempus:** _____

_____

_____

4. Der Besitzer des gestohlenen Autos wird sich ärgern.　　　**Tempus:** _____

_____

_____

5. Der Torwart hat den Elfmeter gehalten.　　　**Tempus:** _____

_____

_____

6. Die Mutter des Jungen hätte sich wohl Sorgen gemacht.　　　**Tempus:** _____

_____

_____

7. Die Sonne scheint täglich.　　　**Tempus:** _____

_____

_____

8. Es hatte den ganzen Tag geregnet.　　　**Tempus:** _____

_____

_____

9. Die Wolken werden sich verziehen.　　　**Tempus:** _____

_____

_____

10. Der Dieb hat dem Mann das Auto geklaut.　　　**Tempus:** _____

_____

_____

■ Wiederholung: Übung 3

Bilde das Präteritum und das Futur aus den folgenden Präsensformen:

Präsens	Präteritum	Futur
1. ich kann		
2. ich bin		
3. ich habe		
4. ich gehe		
5. ich bringe		
6. ich laufe		
7. ich denke		
8. ich mag		
9. ich werde		
10. ich will		
11. ich fliege		
12. ich beiße		
13. ich binde		
14. ich bleibe		
15. ich esse		
16. ich fechte		
17. ich friere		
18. ich hebe		
19. ich helfe		
20. ich rate		
21. ich schlage		
22. ich schwöre		
23. ich wachse		
24. ich tanze		
25. ich lade		

Wiederholung: Übung 4

Aufgabe:

In dem folgenden Text sind die Zeiten arg durcheinander geraten.
Ändere ihn so, dass die Zeit insgesamt stimmt.
Aber Achtung: *Manche Sätze sind in Ordnung.*
Schreibe den richtigen Text in dein Heft.

Der große Schreck

Im letzten Sommer werde ich etwas erleben, was fast schlimm ausgehen wird. Es ist kurz vor den Sommerferien. Ich hatte das Fahrrad, das meinem Bruder gehörte, aus dem Keller geholt. Es ist ziemlich heiß draußen, die Sonne stand hoch am Himmel. Ich fuhr mit dem Fahrrad schnell um die Ecke, damit mein Bruder es mir nicht wieder abnehmen konnte. Als ich am Markt ankomme, werde ich auf den Rücktritt treten und werde vor der Ampel abbremsen wollen. Ganz gemütlich will ich das Rad anhalten. Doch ich merkte, dass meine Füße ins Leere getreten sind, ich kann die Kette rückwärts gedreht haben. Ich werde so nicht mehr bremsen können. Nun hatte ich auch versucht, die Handbremse zu ziehen. Das war vergeblich gewesen. Die Handbremse wird nicht funk-

tionieren. Dicht neben mir fährt ein Lastwagen, die Ampel war schon nahe gewesen. Es ist einfach schrecklich gewesen. Ich war immer mehr von der geraden Richtung abgekommen. Ich werde direkt auf den Fußweg fahren, um im Park auf die Wiese zu kommen. Zwei Fußgänger sind entsetzt zur Seite gesprungen. Doch dann ist die Rettung gekommen. Ich fuhr in einen Busch. Das Fahrrad wird umstürzen und ich bin in einem Bogen in den Strauch gefallen. Zum Glück hatte ich nur ein paar Schrammen abbekommen. Ziemlich angeschlagen und kleinlaut humpelte ich nach Hause. Dort werde ich erfahren, dass mein Bruder dabei ist, die Bremsen des Fahrrades zu reparieren, aber damit noch nicht fertig gewesen ist.

▪ *Test*

Name: _____ Klasse: _____ Datum: _____

1. Bestimme die Zeitform der folgenden Sätze:

Die Tagesschau wird täglich um 20 Uhr gesendet. _____

Gestern wurde aber zu dieser Zeit ein Fußballspiel übertragen. _____

Die Klasse diskutiert über das Spielergebnis. _____

2. Schreibe den folgenden Satz in mindestens drei anderen Zeitformen auf. Achte auf „heute"!

Die Schule fängt heute erst um 10 Uhr an.

_____

_____

_____

3. Ergänze die Regeln:

Man verwendet das Präsens, _____

_____

Man verwendet das Präteritum, _____

_____

Man verwendet das Perfekt, _____

_____

Man verwendet das Plusquamperfekt, _____

_____

Man verwendet das Futur, _____

_____

Punktzahl:

Arbeitsblätter Grammatik für die Sek. I ▪
© Verlag an der Ruhr, Postfach 10 22 51, 45422 Mülheim an der Ruhr, www.verlagruhr.de

■ Test (Fortsetzung)

Name: _____ Klasse: _____ Datum: _____

4. Bilde die jeweils anderen Formen: ▢

Präsens	Perfekt	Futur
_____	Ich bin gelaufen.	_____
_____	_____	Sie wird gewinnen.
_____	Die Band hat gut gespielt.	_____
Es lohnt sich.	_____	_____
_____	Der Sturm hat gewütet.	_____
_____	_____	Die Lottozahlen werden gezogen werden.
Der Unfallhelfer ist schnell.	_____	_____
_____	Gestern haben wir gefroren.	_____
Der Klang ist gut.	_____	_____

5. Wandle um in indirekte Rede und Konjunktiv: ▢

Der Musiker sagte: „Du singst gut."

_____

Der Reiseleiter gab bekannt: „Die Koffer werden am Flughafen getragen."

_____

Mein Vater meinte: „Du sollst heute Abend nicht so spät kommen!"

_____

Viel Erfolg!

Bewertung: _____

Unterschrift: _____

Punktzahl 2. Seite:
Übertrag 1. Seite:
Punktzahl gesamt:

Der
SATZBAU

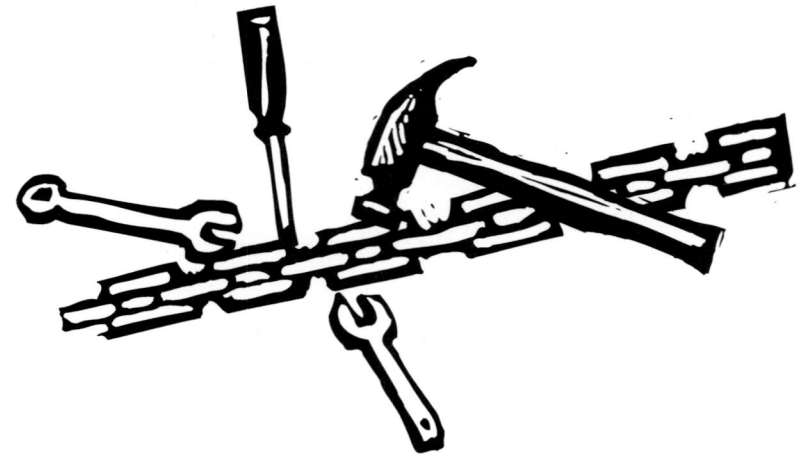

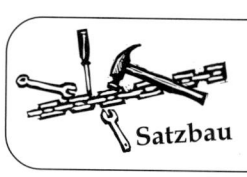

Satzbau

OHP-Übersicht 1

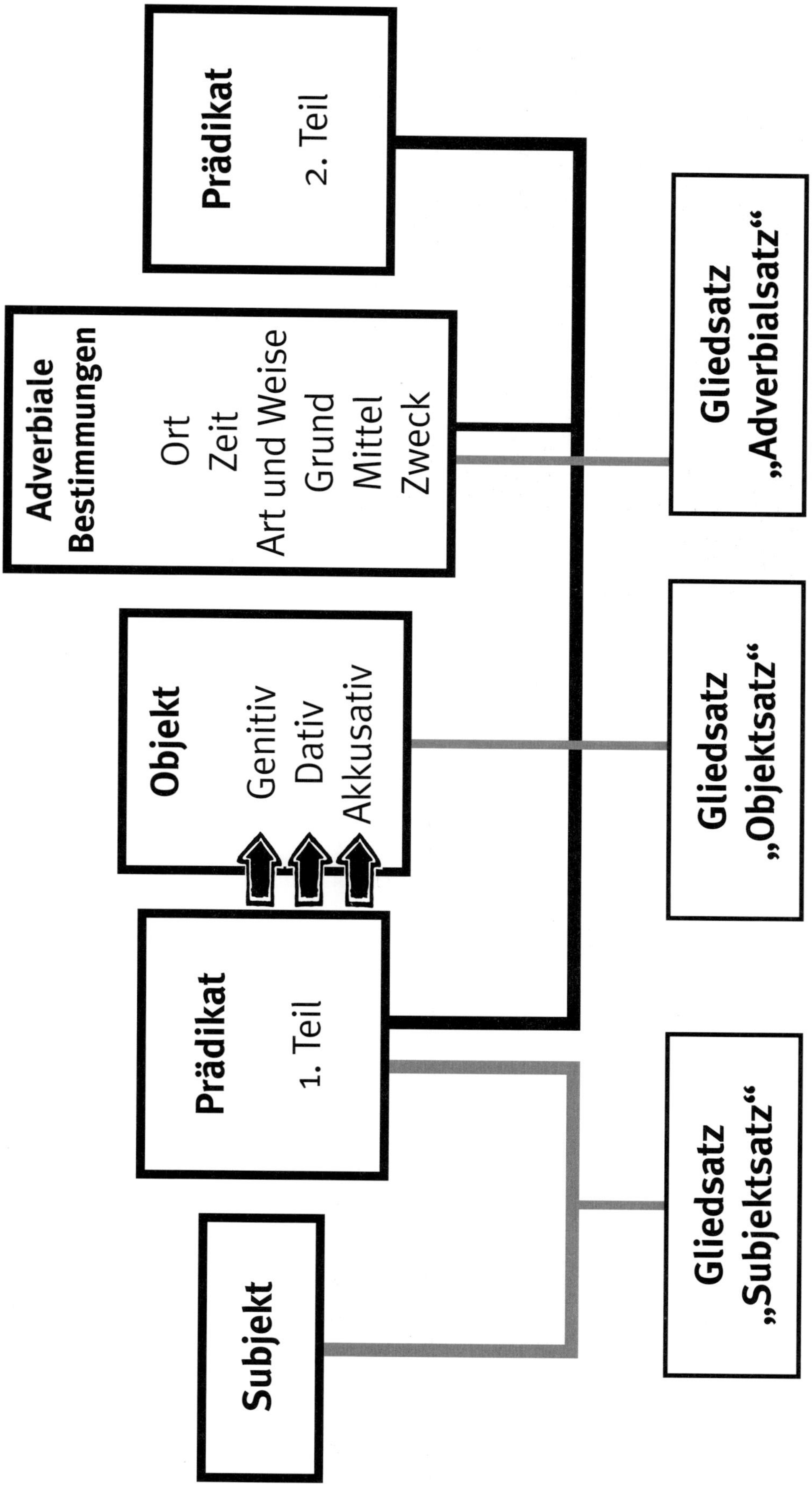

Prädikat
2. Teil

Adverbiale Bestimmungen

Ort
Zeit
Art und Weise
Grund
Mittel
Zweck

Gliedsatz „Adverbialsatz"

Objekt

Genitiv
Dativ
Akkusativ

Gliedsatz „Objektsatz"

Prädikat
1. Teil

Subjekt

Gliedsatz „Subjektsatz"

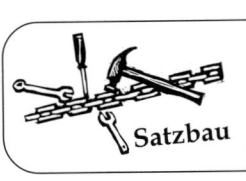

Beifügungen als Satzglieder

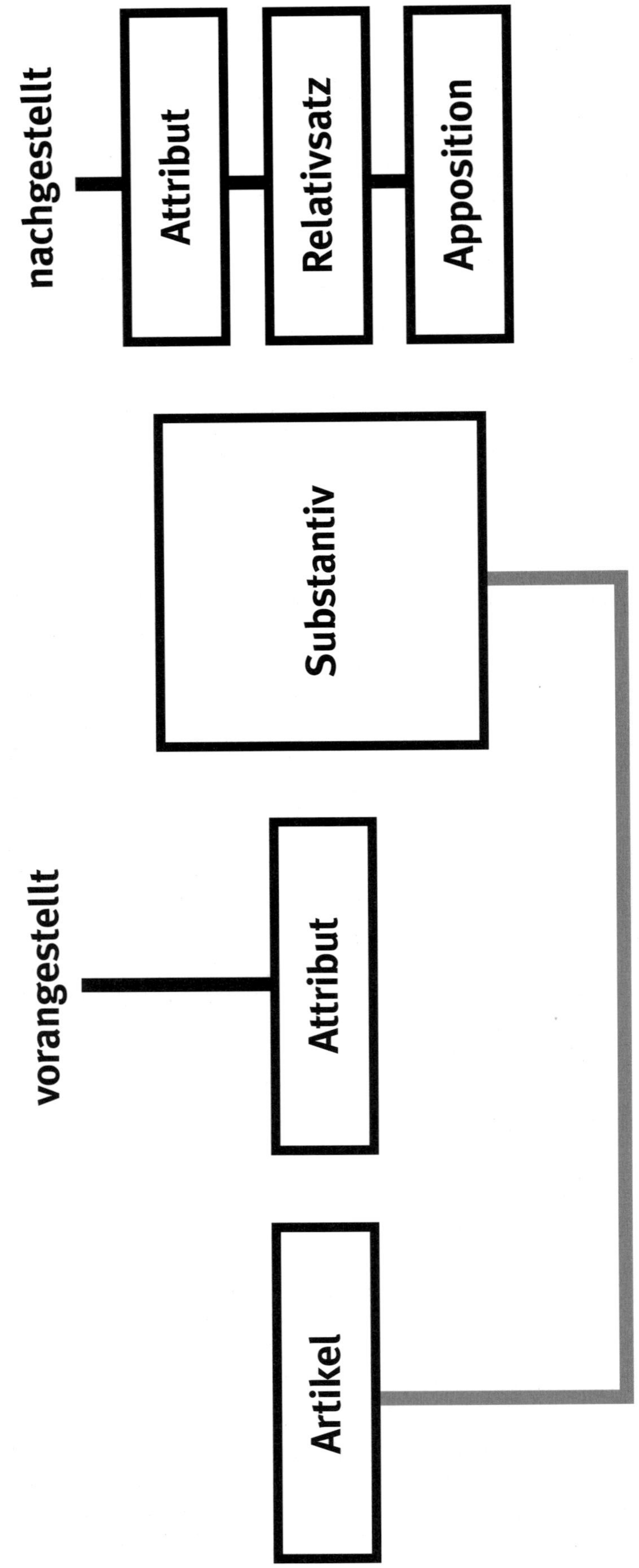

nachgestellt

Attribut

Relativsatz

Apposition

Substantiv

vorangestellt

Attribut

Artikel

Arbeitsblätter Grammatik für die Sek. I

© Verlag an der Ruhr, Postfach 10 22 51, 45422 Mülheim an der Ruhr, www.verlagruhr.de

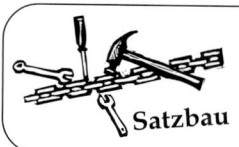

Satzbau

■ *Regeln*

Regeln	Beispiele

Regeln

■ Ein Satz besteht aus mehreren Satzgliedern. Den Kernsatz bilden **Subjekt** und **Prädikat**. Ein solcher Satz kann durch Objekte oder genauere Angaben **(Umstandsbestimmungen/ Adverbiale)** erweitert werden.

Beispiele

Sven .... Subjekt .... **Wer ...?**
hatte .... Prädikatsteil .... **Was hatte ... getan?**
Kinokarten ... Akkusativ-Objekt . **Wen oder was ...?**
gekauft .... Prädikatsteil .... **Was hatte ... getan?**

Er .... Subjekt .... **Wer ...?**
wartete .... Prädikat .... **Was?**
gestern .... Adverbial der Zeit .... **Wann?**
vor dem Kino ... Adverbial des Ortes .... **Wo?**
auf Britta .... präpositionales Objekt ... **Auf wen?**

■ **Objekte können sein:**
1. das **Genitiv-Objekt** (Objekt im 2. Fall)
2. das **Dativ-Objekt** (Objekt im 3. Fall
3. das **Akkusativ-Objekt** (Objekt im 4. Fall)

Frage: **Wessen ...?**
Frage: **Wem ...?**
Frage: **Wen oder was ...?**

■ **Adverbiale Bestimmungen können sein:**

Ortsbestimmungen
(lokale Angabe):

Das Schiff liegt **im Hafen**. – *Frage:* **Wo ...?**
Das Schiff fährt **nach Hamburg**. – *Frage:* **Wohin ...?**
Das Schiff kommt **aus Amsterdam**. – *Frage:* **Woher ...?**

Zeitbestimmungen
(temporale Angabe):

Die Banken bleiben **am Sonntag** zu. – *Frage:* **Wann ...?**
Der Maurer arbeitet **seit gestern**. – *Frage:* **Seit wann ...?**
Wir feierten **bis zum nächsten Tag**. – *Frage:* **Bis wann ...?**
Die Tante blieb **vier Wochen**. – *Frage:* **Wie lange ...?**
Ich telefonierte **täglich**. – *Frage:* **Wie oft ...?**

Bestimmungen der **Art und Weise**
(modale Angabe):

Die Fans jubelten **wild**. – *Frage:* **Wie ...?**
Du redest **zu viel**. – *Frage:* **Wie viel ...?**
Die Mücken plagten uns **bis aufs Blut**. – *Frage:* **Wie sehr ...?**
Die Last wog **fünfzig Kilogramm**. – *Frage:* **Wie schwer ...?**
Brücken baut man **aus Beton**. – *Frage:* **Woraus, wie ...?**

Bestimmungen des **Grundes**
(kausale Angabe):

Der Kurs fiel **wegen Krankheit** aus. – *Frage:* **Warum ...?**
Jörg bekam Geld **zum Einkaufen**. – *Frage:* **Wozu ...?**
Durch eine Anzeige bekam er den Job. – *Frage:* **Wodurch ...?**

Daneben gibt es noch adverbiale Bestimmungen, die mit den folgenden Konjunktionen eingeleitet werden:
wenn ... = **Bedingung** (konditionale Angabe)
damit ... = **Ergebnis, Ziel** (finale Angabe)
sodass ... = **Folge, Konsequenz** (konsekutive Ang.)
während, wohingegen ... = **Gegensatz**
(adversative Angabe)
obwohl ... = **Einschränkung** (konzessive Angabe)

■ **Freie Satzglieder können sein:**
1. **Attribut** – ergänzt ein Substantiv durch eine nähere Bestimmung so, dass Attribut und Substantiv zu einem Begriff verschmelzen:

der **berühmte** Star
der Wille **zu siegen**
mein neues Buch
der Baum **dort**
das Bild **des Künstlers**

2. **Apposition** – eine nachgestellte, in Kommas eingefügte Erweiterung eines Substantivs, die immer im gleichen Fall wie das Substantiv steht:

Der Künstler, **ein bekannter Maler**, gab ein Interview.
Münchhausen, **dem Lügenbaron**, glaubte man kein Wort.

Satzbau

1. Das Subjekt
■ Regeln und Aufgaben

Regeln

- Das **Subjekt** (Satzgegenstand) ist der Teil eines Satzes, den man mit der Frage **„Wer oder was ... ?"** erfragen kann.

- Das **Satzglied Subjekt** kann aus einem oder mehreren Wörtern bestehen, die bei der Umstellprobe immer zusammenbleiben.

- Das **Subjekt** steht im **Nominativ**.

- Das **Subjekt** kann auch durch ein **Personalpronomen** gebildet werden.

Beispiele

➡ **Der Bundeskanzler** macht eine Auslandsreise.
Frage: **Wer oder was** macht eine Auslandsreise?
Antwort: Der Bundeskanzler ...

➡ **Der deutsche Botschafter** wurde abberufen.
Umstellprobe: Abberufen wurde **der deutsche Botschafter**.

➡ **Die Präsidentin** ruft zur Ordnung.
Sie ruft zur Ordnung.

Aufgabe:

Unterstreiche in jedem Hauptsatz das Subjekt.
Schreibe die richtige Frage danach auf.

Das menschliche Handeln

Der Mensch ist das einzige Lebewesen, das über sein

eigenes Handeln bewusst nachdenken kann.

Er scheint daraus bisher keine Lehren gezogen zu

haben.

Beim Lesen der Tageszeitung kann man bereits früh mor-

gens erkennen, dass die Menschlichkeit Schaden nimmt.

Im Vergleich zum Elend der Flüchtlinge und Hungernden

in aller Welt sind unsere täglichen Probleme wirklich

unbedeutend.

Trotzdem ist das laute Jammern darüber bei uns an

der Tagesordnung.

Mit regelmäßigen Spenden an die vielen Hilfsorgani-

sationen beruhigen wir unser schlechtes Gewissen.

Trotzdem nehmen einige wenige Bürger die Not

ernst.

Sie setzen sich persönlich ein, indem sie bei den

Hilfsorganisationen aktiv mitwirken.

Arbeitsblätter Grammatik für die Sek. I
© Verlag an der Ruhr, Postfach 10 22 51, 45422 Mülheim an der Ruhr, www.verlagruhr.de

Aufgabe:

Unterstreiche in jedem Hauptsatz das Subjekt.
Schreibe die Frage danach auf.

Schlaginstrumente

Schlaginstrumente gehören sicher zu den ältesten Instrumenten der Menschheit.

Schon die Urmenschen haben auf unterschiedliche Weisen Schlaglaute erzeugt.

Diesen Urtrieb des „Schlagzeugspiels" kann man bei jedem Kleinkind beobachten.

Hat es irgendeinen Stock zur Verfügung, wird es alsbald damit schlagen.

Überlieferte Darstellungen beweisen, dass es bereits vor 4000 Jahren Trommeln gegeben hat.

Bei vielen Eingeborenenvölkern haben Forscher die große Bedeutung von Trommeln beobachtet.

Zum Teil haben sie magische Kräfte, zum Teil dienen sie auch der Nachrichtenübermittlung.

Selbst die Trommelform ist schon vorgegeben und hat sich kaum verändert.

Der runde Körper aus Holz und das gespannte Fell bringen eine Luftsäule zum Klingen.

Dieses Prinzip lässt sich uneingeschränkt auf unsere modernen Drums übertragen.

So besteht das heutige Schlagzeug aus einer Mischung von Membranophonen und Idiophonen.

Bei Membranophonen entsteht der Ton durch das Schlagen auf eine gespannte Haut.

Bei Idiophonen klingt das Material selbst.

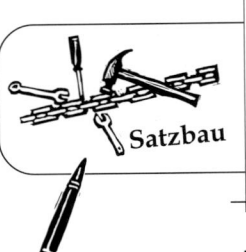

Ein Lückentext:

Dies ist eine besonders schwere Aufgabe!
Ergänze die fehlenden Subjekte, indem du den Sinn der Sätze genau überlegst.
Wenn du fertig bist, bekommst du ein Lösungsblatt, mit dem du dich
selbst kontrollieren kannst.

Die Hammond-Orgel

_____ beruhte auf einer Reihe von Zufällen.

_____ – der Amerikaner Laurens Hammond – war ein allseitig

interessierter Tüftler, der Maschinenbau- und Elektrotechnik studiert hatte. Bereits davor

hatte _____ Patente angemeldet. Neben seinem Studium verfasste _____ erfolgreich

ein Drehbuch für einen Film. In einer Firma für Schiffsmotoren angestellt, erfand _____

1920 eine Uhr, deren lärmender Antrieb durch ein Gehäuse abgedämpft wurde.

_____ wurde ein Erfolg, und _____ machte sich

als Erfinder selbstständig.

Über verschiedene Stationen ging es weiter mit seiner Karriere: Entwicklung eines

Gleichlaufmotors – Erfindung der rot-grünen 3-D-Brille – Umwandlung des Wechselstroms in

Gleichstrom fürs Radio durch die so genannte A-Box – die elektrische Uhr – 1928 Gründung

der Hammond-Clock-Company. _____ mit den elektrischen Uhren lief

aber nicht besonders und brachte die Firma bald an den Rand des Bankrotts. Immer wieder

beschäftigte _____ sich mit seinem Gleichlaufmotor und Überlegungen, wo der am

sinnvollsten einzusetzen sei.

Etwa 1933 gingen _____ hin zu einer musikalischen Anwendung.

Der Tone-Wheel-Generator, das Herzstück der Hammond-Orgel, war geboren. Darunter war

ein kleines, auf einer Motorwelle konzentrisch befestigtes Rad zu verstehen.

_____ von der Größe eines Zweimarkstückes war jedoch nicht glatt

am Rand, sondern sah aus wie ein Zahnrad. _____ drehte sich vor einem

Elektromagneten. _____ gut im Physikunterricht aufgepasst hat, kann nachvollziehen,

was dabei passierte. _____ geht dabei um das Thema „Stromdurchflossene Leiter im

Magnetfeld". _____ zog daraus die richtigen Schlüsse. Nach weiteren

Experimenten mit Magneten, Drahtspulen und Strom konnte _____ schließlich in einem

Radio den verstärkten Strom über Lautsprecher hörbar machen.

_____ erzeugt Schallwellen, also Töne.

_____ hatte durch seine Experimente das Prinzip aller Musikinstrumente

erfasst, nach dem bestimmte Schwingungsmuster in Töne umgewandelt werden. Nun war

_____ ihm gelungen, dies unter Einsatz elektrischer Energie darzustellen.

■ Regeln und Aufgaben

Regeln

Beispiele

■ Das **Prädikat** (Satzaussage) sagt über das Subjekt eines Satzes aus, wie oder was es ist, was es tut oder was mit ihm geschieht. Das Prädikat wird immer von einem **Verb** bzw. **Hilfsverb** gebildet.

➡ Das Kind **ruft** die Mutter.
Frage: **Was tut** das Kind?
Antwort: Es **ruft**.

■ Ist das **Prädikat** ein **Hilfsverb**, so wird dieses in der Regel noch ergänzt.

➡ Die Bahn **ist** ein Verkehrsmittel.

■ Die **Personalform des Prädikats** richtet sich nach dem Subjekt.

➡ Das Kind **fährt** Roller. (3. Person Singular)
Ich **wasche** mein Auto. (1. Person Singular)
Die Zuhörer **applaudierten**. (3. Person Plural)

■ Das **Prädikat** bildet zusammen mit dem **Subjekt** die kleinste Satzform, die möglich ist. In längeren Sätzen nennt man sie den **Satzkern**.

➡ Das Kind **ruft**.

Aufgaben:

1. Unterstreiche die Prädikate rot.
2. Unterstreiche die Satzkerne grün.

Die alten Römer und ihre Stadtgründungen

Die alten Römer gründeten an vielen Plätzen neue Städte. Dabei wurden oft die alten Dörfer dem Erdboden gleichgemacht. Vor der Gründung der Stadt Köln hatten dort die Ubier gelebt. Sie wurden von den Römern allerdings nicht vertrieben, sondern in die Stadt aufgenommen. Schon bei der Gründung einer Stadt setzten die Römer die Größe und die Einwohnerzahl fest. Die Stadtplaner gliederten danach die Baufläche der Städte. Wohnhäuser, Läden, Plätze, Tempel, öffentliche Einrichtungen, Kanalisation und Verkehrswege entstanden alle genau nach Plan. In den Außenbezirken der Städte wurden in der Regel die Wohnhäuser errichtet, die allgemeinen Einrichtungen im Zentrum. Auf Grund vieler Ausgrabungen wurden Gegenstände gefunden, durch die man die Planung der Römer nachvollziehen konnte. So kann man in vielen Römermuseen entlang des Rheins die Grundrisse von Römerstädten bewundern. Die alten Römergründungen Köln und Xanten sind daher immer wieder Ausflugsziele für Schulklassen.

Satzbau

Übungsblatt 1: Ergänzungen

Ergänzungen:
Zu einem vollständigen Satz gehören immer Subjekt und Prädikat.

1. Ergänze die folgenden Subjekte zu einem Satz:

Das Flugzeug _____

Meine Schule _____

Sie _____

2. Stelle zu jedem Prädikat deiner Sätze die passende Frage:

_____

_____

_____

3. Stelle die Frage zu dem Prädikat dieses Satzes:

Das Flugzeug ist ein Verkehrsmittel.

_____

In diesem Satz ist das Prädikat mehrteilig.

Es besteht aus dem Hilfsverb _____ und der Prädikatergänzung.

4. Unterstreiche in den nächsten Sätzen das Prädikat:

Die Stewardess ist freundlich. Der Pilot hat Kopfweh. Die Reisenden unterhalten sich.
Das Unwetter kommt näher. Das Flugzeug muss ausweichen. Der Flug dauert länger.
Endlich können sie landen.

5. Ergänze:

Ein Satz, der verständlich sein soll, muss aus mindestens zwei Satzgliedern bestehen,

nämlich aus _____ und _____ .

Fehlt das _____ , weiß man nicht _____

_____

Fehlt das _____ , weiß man nicht _____

_____

Das Prädikat gibt an, _____

_____

Es besteht aus einem _____ oder einem Hilfs_____

mit _____ .

Satzbau

■ Übungsblatt 2:
Ein Lückentext

Ein Lückentext:

Aus dem folgenden Text hat der Eiszeit-Fehlerteufel sämtliche Prädikate entfernt. Kannst du die Prädikate unten so wieder einfügen, dass der Text einen Sinn bekommt? Beachte, dass Prädikate oft geteilt sind.

Schreibe den Text richtig in dein Heft.

Tipp: *Wenn du jedes verwendete Verb sofort durchstreichst, wird die Aufgabe leichter!*

Jagd auf das Wollhaarnashorn

Die beiden Eiszeit-Jäger heute einen unangenehmen Gegner.

Das Wollhaarnashorn ihnen selten.

Lieber sie ihm aus dem Weg.

Es wie eine Dampfwalze.

Andererseits das Wollhaarnashorn eine wertvolle Beute.

Es zum Beispiel die langen, zotteligen Haare.

Sie hervorragend zu einer wärmenden Lagerstatt.

Und von dem Fleisch die Sippe nie genug.

Die Hörner und die Knochen für die Herstellung von Werkzeugen.

Mit einem spitzen Knochensplitter man gut durch Leder.

Für die Herstellung von Bekleidung das ganz neue Möglichkeiten.

Wie sie an dieses riesige Tier?

Die Jäger, dass es einen ausgezeichneten Geruchssinn.

Sie dem Tier am besten immer gegen die Windrichtung.

Aber zwei Jäger für ein solch großes Nashorn zu wenig.

Mit mehr Männern es beim nächsten Mal gewiss besser.

gehen – ist – müssen sich nähern – klappt – liefert – lassen sich verarbeiten – kann bekommen – begegnet – können verwendet werden – haben sich ausgesucht – kann hindurchbohren – sollen herankommen – wissen – kann angreifen – hat – sind – bietet

■ *Regeln und Aufgaben*

Satzbau

Regeln

■ **Das Objekt** (Satzergänzung) ergänzt das Prädikat zu einer sinnvollen Aussage. Ein Objekt wird von einem Substantiv mit oder ohne Artikel oder dem entsprechenden **Personalpronomen** gebildet.

■ Wir unterscheiden drei direkte Objektformen:
Genitiv-Objekt
(Satzergänzung im 2. Fall)

Dativ-Objekt
(Satzergänzung im 3. Fall)

Akkusativ-Objekt
(Satzergänzung im 4. Fall)

■ Objekte können auch **doppelt** auftreten.

■ Eine weitere Form der Objektbildung ist das umschriebene Objekt, das aus einem **Substantiv mit** einer **Präposition** gebildet wird und daher **Präpositionales Objekt** heißt.

Beispiele

Der Lehrer **schreibt**.
Ergänzung:
Der Lehrer **schreibt** die Zeugnisse.

Er schreibt **sie** (die Zeugnisse).

Der Lehrer nahm sich **des Schülers** an.
Frage: **Wessen** nahm der Lehrer sich an?
Antwort: **des Schülers**

Der Lehrer gab **der Schülerin** ihr Heft.
Frage: **Wem** gab der Lehrer das Heft?
Antwort: **der Schülerin**

Der Lehrer überlegt **die Zensuren**.
Frage: **Wen oder was** überlegt der Lehrer?
Antwort: **die Zensuren**

Der Lehrer hört **die Schüler** die französischen Vokabeln ab.
Akkusativ-Objekt 1 + Akkusativ-Objekt 2

Die Familie fährt **an den Strand**.
Frage: **Wohin ...?**

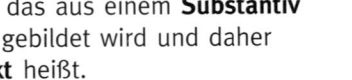
Aufgabe:

Bestimme in den folgenden Sätzen die Objekte!

Sven hilft seiner Mutter. _____

Lena macht ihre Hausaufgaben. _____

Die Schulmannschaft läuft auf den Platz. _____

Inga fährt Rad. _____

Er schämte sich seines Missgeschicks. _____

Die Klasse hörte der Klassensprecherin zu. _____

Man gedachte des Toten. _____

Arbeitsblätter Grammatik für die Sek. I
© Verlag an der Ruhr, Postfach 10 22 51, 45422 Mülheim an der Ruhr, www.verlagruhr.de

■ Das Genitiv-Objekt: OHP-Übersicht

Satzergänzung im 2. Fall

Das **Genitiv-Objekt** bezeichnet die Person oder Sache,
die von der Handlung mit betroffen ist.

Beispiel:

Er	bemächtigte sich	des Portmonees.
Subjekt	**Prädikat**	**Genitiv-Objekt**

Die Frage nach dem Genitiv-Objekt lautet:
Wessen bemächtigte er sich?

Das **Genitiv-Objekt** besteht in diesem Beispiel aus
einem **Substantiv mit Artikel**.

Aufgabe:

*Bestimme in den folgenden Sätzen das **Genitiv-Objekt.***

1. Der Angeklagte ist des Diebstahls überführt.

2. Er schämt sich seiner Tat.

3. Der Richter waltet seines Amtes.

4. Der Angeklagte harrt seines Urteils.

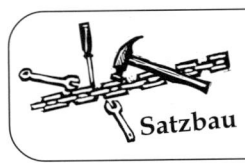
■ *Das Dativ-Objekt:*
OHP-Übersicht

Satzergänzung im 3. Fall

Das **Dativ-Objekt** bezeichnet die Person oder Sache,
auf die die Handlung des Satzes gerichtet ist.

Beispiel:

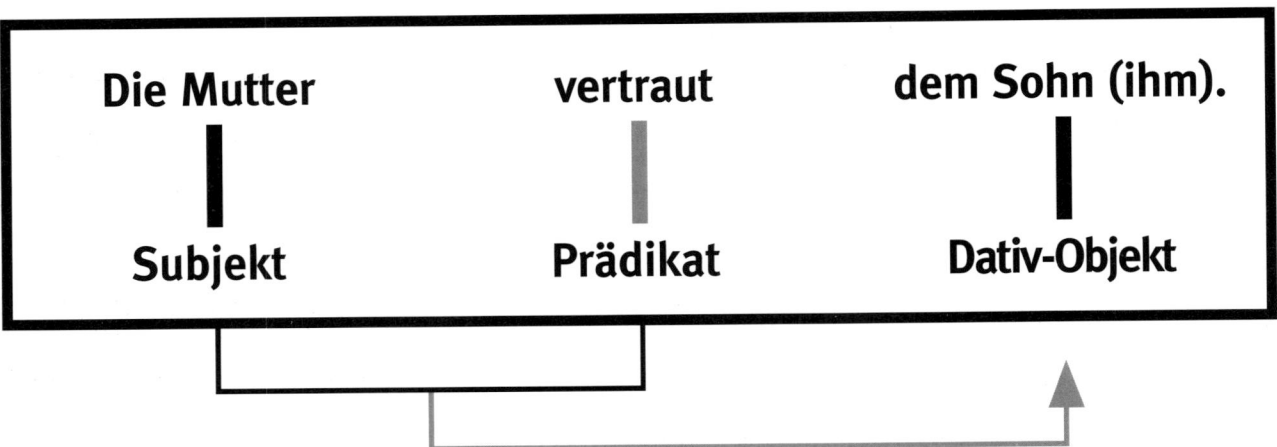

Die Frage nach dem Dativ-Objekt lautet:
Wem vertraut die Mutter?

Das **Dativ-Objekt** kann bestehen aus
einem **Substantiv mit Artikel**, einem **Pronomen**.

Aufgabe:

*Bestimme in den folgenden Sätzen das **Dativ-Objekt.***

1. Die Mieterin begegnet der Nachbarin.

2. Die Nachbarin begegnet dem Zeitungsboten.

3. Der Postbote begegnet dem Hausmeister.

4. Der Hausmeister begegnet dem Heizungsmonteur.

5. Der Heizungsmonteur gibt dem Lehrling einen Auftrag.

Satzergänzung im 4. Fall

Das **Akkusativ-Objekt** ergänzt in einem Satz das Prädikat.
Es ist eine Satzergänzung,
die sich direkt auf das Prädikat bezieht.

Beispiel:

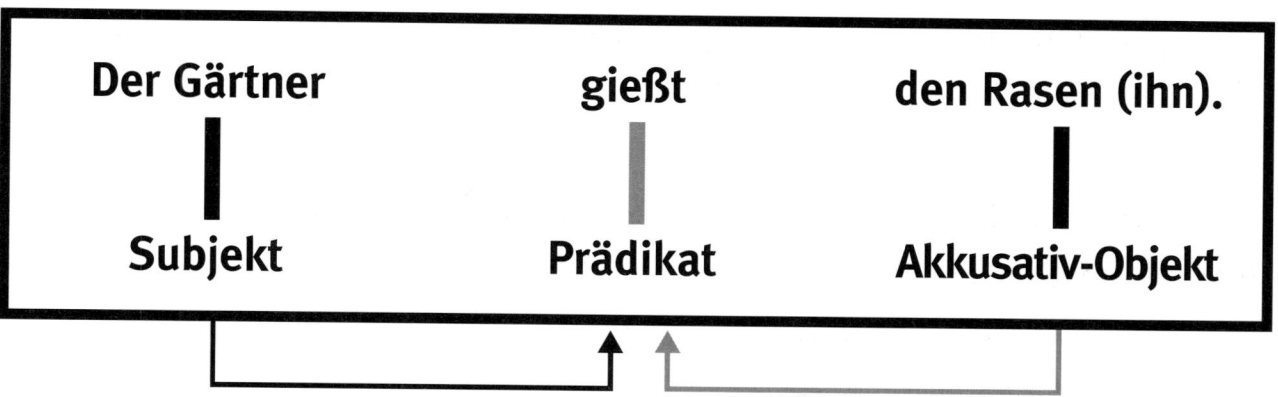

Die Frage nach dem Akkusativ-Objekt lautet:
Wen oder was gießt der Gärtner?

Das Akkusativ-Objekt kann bestehen aus
einem **Substantiv mit Artikel**, einem **Pronomen**.

Aufgabe:

*Bestimme in den folgenden Sätzen das **Akkusativ-Objekt**.*

1. Die Katze fängt eine Maus.

2. Die Katze frisst sie.

3. Der Löwe jagt das Gnu.

4. Das Gnu sieht den Löwen.

5. Das Tier findet einen Ausweg.

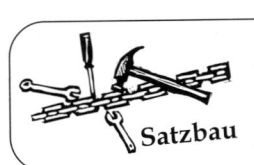

Das Akkusativ-Objekt: OHP-Übungsblatt

Satzergänzung im 4. Fall

Vielleicht kennst du die Geschichte vom Herrn,
der den Jockel ausschickt, um den Hafer zu schneiden.
Viele Boten muss der Herr schicken um Jockel zu kontrollieren,
aber der Jockel ist faul. Endlich macht sich der Herr selbst auf,
um nach dem Verbleib seiner Diener und dem Fortgang
der Arbeit zu schauen. In der letzten Strophe heißt es:

Da geht der Herr nun selbst hinaus
und macht gar bald ein End daraus.
Der Teufel holt den Henker nun,
der Henker hängt den Schlächter nun,
der Schlächter schlacht' den Ochsen nun,
der Ochse säuft das Wasser nun,
das Wasser löscht das Feuer nun,
das Feuer brennt den Prügel nun,
der Prügel schlägt den Pudel nun,
der Pudel beißt den Jockel nun,
der Jockel schneid't den Hafer nun
und kommt auch gleich nach Haus.

Aufgabe:

Schreibe den Text ab und bestimme alle Akkusativ-Objekte,
indem du die Fragen danach stellst und die Antworten gibst.
Unterstreiche die Objekte farbig.

4. Das Attribut

Regeln und Aufgaben

Satzbau

Regeln

- **Das Attribut** (Beifügung) dient der näheren Bezeichnung oder Beschreibung von Substantiven, Adjektiven oder Adverbien im Satz. Attribute treten immer als **Teile von Satzgliedern** auf.

- **Attribute des Substantivs** treten in vielen Formen auf.

- Ein Sonderfall des substantivischen Attributs ist **die Apposition**.
  Die Apposition steht im **gleichen Fall** (Kasus) wie das Wort (Substantiv oder Stellvertreter), auf das sie sich bezieht. Sie wird durch Kommas eingeschlossen.

- **Attribute des Adjektivs** dienen der Steigerung.

- **Attribute des Adverbs** steigern ebenfalls die Wortwirkung.

Beispiele

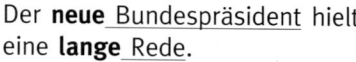

Der **neue** Bundespräsident hielt eine **lange** Rede.

Adjektiv: der **schöne** Garten
Begleiter: **mein** Haus, **fünf** Mark
Substantiv im Genitiv (Genitiv-Attribut):
das Fahrrad **meines Bruders**
Substantiv mit Präposition: der Glaube **an Gott**
Adverb: die Nachbarn **drüben**
Infinitiv mit zu: die Kunst **zu reden**
Attributsatz: die Hoffnung, **dass sie bleibt**

Jennifer, **meine Mitschülerin**, ist krank.
Euch, **unseren Fußballfreunden**, wünschen wir einen Sieg.

Sie war **sehr** traurig.
Der Turm war **unglaublich** hoch.

Sie joggte **besonders** oft.
Der Name stand **weit** oben auf der Liste.

Aufgaben:

1. Bilde auf Grund der Beispiele Sätze mit entsprechenden Attributen.

2. Bestimme die Attribute in den folgenden Sätzen.

Hast du schon wieder ein neues Handy? _____

Unser Klassenlehrer ist sehr gewissenhaft. _____

Ihre Art zu sprechen war merkwürdig. _____

Der Vater meines Freundes hat eine neue Stelle. _____

Ich habe selten ein so schön gemaltes Bild gesehen. _____

Das Haus des Mannes, eines Handwerkers, war gepflegt. _____

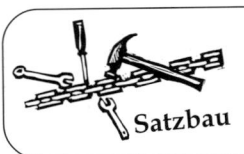

Satzbau

5. Die adverbiale Bestimmung
■ Regeln und Aufgaben

Regeln

■ **Die adverbiale Bestimmung**
(Umstandsbestimmung) liefert eine
genauere, erweiterte Aussage zur
Satzaussage (Prädikat).

■ *Wir unterscheiden:*

Adverbiale Bestimmung **der Zeit**
(Temporalbestimmung: **wann? wie lange? wie oft?**)

Adverbiale Bestimmung der **Art und Weise**
(Modalbestimmung: **wie? womit? wodurch?**)

Adverbiale Bestimmung **des Ortes**
(Lokalbestimmung: **wo? woher? wohin?**)

Adverbiale Bestimmung **des Grundes**
(Kausalbestimmung: **warum? wozu? weshalb?**)

■ Eine adverbiale Bestimmung kann **aus mehreren
Wortarten** gleichzeitig gebildet werden.

Beispiele

➡ Ich surfe.
Morgen surfe ich **mit dem Computer
im Internet.**
Fragen: **Wann? Womit? Wo?**

➡ Ich fahre **eine Woche** in Urlaub.
Frage: **Wie lange ...?**

➡ Gela schreibt **mit dem Kugelschreiber.**
Frage: **Womit ...?**

➡ Das Unwetter kam **aus dem Osten.**
Frage: **Woher ...?**

➡ Die Schule fiel **wegen des Sturms** aus.
Frage: **Weshalb ...?**

Aufgabe:

Unterstreiche die adverbialen Bestimmungen im Text und benenne sie.

Seit zwei Jahren hat Sabine einen Computer. Mit der Textverarbeitung schreibt sie ihre Referate für die Schule. In der Schule nimmt sie an der Informatik-AG teil. Aber sie arbeitet lieber zu Hause am PC, denn die Schulcomputer sind in jeder Hinsicht veraltet. Letzte Woche hat ihr Vater ihr ein Modem gekauft, um ihr den Einstieg ins Internet zu ermöglichen. Wegen der Telefonrechnung macht sie sich keine Sorgen, denn sie will nicht stundenlang online sein. Vielmehr soll ihr das weltweite Web zur schnellen Informationsbeschaffung dienen. Nun sucht sie noch einen günstigen Provider für den Zugang. In einem Computer-Magazin hat Sabine gelesen, dass man sich auch durch Call-by-Call einwählen kann. Sie will sich aber vor ihrer Entscheidung noch mal bei Bekannten umhören, die bereits im Netz sind.

1. Unterstreiche im Text die adverbialen Bestimmungen,
   die auf „wann?", „wo?", „wie?" und „warum?" antworten.

Im letzten Sommer erschien in der Nähe eines australischen Strandes regelmäßig eine größere Gruppe Wale. Schnell sprach sich das Ereignis unter den Bewohnern eines nahe gelegenen Ortes herum und bald reisten auch Touristen an, um die Wale aus der Nähe zu beobachten. Den einheimischen Fischern war es recht, denn sie konnten ihre Boote mit zahlungskräftigen Auswärtigen füllen. Unter Naturschützern gab es eine heftige Diskussion. Die einen meinten, es sei besser, die Wale in Ruhe zu lassen. Andere vertraten die Auffassung, nur mit den Touristen zusammen sei der Schutz möglich. Nach wenigen Wochen jedenfalls war der Rummel am Strand und auf dem Wasser enorm. Doch plötzlich, eines Morgens, waren die Wale nicht mehr da. Enttäuscht zogen die Schaulustigen ab, und die Fischer schrieben ihren Zusatzverdienst in den Wind. Eine Woche später fuhr ein Einwohner mit seinem Jeep am Strand entlang zum nächsten Ort, der gut 10 Kilometer entfernt ist. Auf halbem Weg kam er nicht weiter. Tote Wale mit ihren massigen Körpern versperrten ihm den Weg. Die Walgruppe war wohl panisch vor dem Rummel geflohen und hatte den Weg aus der Bucht ins offene Meer nicht gefunden.

2. Stelle die adverbialen Bestimmungen in einer Tabelle zusammen.

1. Wann? Wie lange? Wie oft?	2. Wo? Woher? Wohin?	3. Wie? Womit? Wodurch?	4. Warum? Wozu? Weshalb?

Die adverbialen Bestimmungen in Spalte 1 heißen _____

Die adverbialen Bestimmungen in Spalte 2 heißen _____

Die adverbialen Bestimmungen in Spalte 3 heißen _____

Die adverbialen Bestimmungen in Spalte 4 heißen _____

3. Adverbiale Bestimmungen können gebaut sein:

– aus einem Ausdruck, der mit einer Präposition steht: **im Jahre 1999**
– aus einer Substantivgruppe: **eines Tages**
– aus einem Adverb: **gestern**
– aus einem Adjektiv: **regelmäßig**
– oder aus **Wortkombinationen.**

Ordne die adverbialen Bestimmungen deiner Tabelle nach der Art der Bauformen.
Erstelle dazu im Heft eine neue Tabelle mit den Überschriften:

Ausdruck mit Präposition	Substantivgruppe	Adverb/Adjektiv	Wortkombination

Satzbau

Übungsblatt 1

1. Frage jeweils nach den unterstrichenen Satzgliedern und benenne sie.
Möglichkeiten der Benennung:
Subjekt, Prädikat, Akkusativ-Objekt (2x)**, Dativ-Objekt** (2x)**, Präpositional-Objekt, Ergänzung des Prädikats (Nominativ), Genitiv-Attribut**

Beispiel:

Erfragtes Satzglied:	**Der Inkakönig** wurde auf goldgeschmückten Sänften getragen.
Frage zur Ermittlung des Satzgliedes:	**Wer oder was** wurde auf goldgeschmückten Sänften getragen?
Benennung des Satzgliedes:	**Subjekt**

Satzglied: Der Inkakönig wurde auf goldgeschmückten Sänften getragen.

Frage: _____

Benennung: _____

Satzglied: Die Inkas benutzten Lamas als Lasttiere.

Frage: _____

Benennung: _____

Satzglied: Die Inkas opferten dem Sonnengott.

Frage: _____

Benennung: _____

Satzglied: Der Inkakönig starb am Galgen.

Frage: _____

Benennung: _____

Satzglied: Die Eroberer überfielen die Krieger des Sonnengottes.

Frage: _____

Benennung: _____

Satzglied: Die Inkas waren geschickte Handwerker.

Frage: _____

Benennung: _____

Satzglied: Die spanischen Eroberer berichteten über unermessliche Schätze.

Frage: _____

Benennung: _____

Satzglied: Der Inkakönig hatte uneingeschränkte Macht.

Frage: _____

Benennung: _____

Satzglied: Der Inkakönig verdankte seinem Volk den Reichtum.

Frage: _____

Benennung: _____

Arbeitsblätter Grammatik für die Sek. I
© Verlag an der Ruhr, Postfach 10 22 51, 45422 Mülheim an der Ruhr, www.verlagruhr.de

Übungsblatt 2

1. Ergänze mit den unten stehenden Wörtern die folgenden Lücken:

Die Bausteine unserer Sprache sind die _____ .

Wenn man einige dieser Bausteine zusammenfügt, werden daraus

die _____ .

Ein Satzglied heißt Satzgegenstand oder auch _____ .

Man fragt danach mit der Frage „_____" oder

„_____" ?

Fügt man mehrere verschiedene Satzglieder zusammen, so entsteht ein

_____ .

Der kleinste mögliche Satz wird aus _____

und _____ gebildet.

Ohne das _____ ist der Satz unvollständig.

Es gibt an, _____ .

Man fragt nach dem _____ mit den Fragen

„_____" oder „_____"?

**Subjekt – Satz – was passiert – Wörter – wer – Prädikat – Satzglieder –
was – Prädikat – was passiert – was tut – Subjekt – Prädikat**

2. Erfrage in den folgende Sätzen das Subjekt und schreibe es dahinter.

a) Hunde und Katzen sind Haustiere. _____

b) Als Nachttier ist die Eule bekannt. _____

c) Gestern sah ich einen Fuchs. _____

d) Er war noch sehr jung. _____

e) Meine Oma erzählte von früher. _____

f) Sie hatte schon mal einen Fuchs großgezogen. _____

g) Hackfleisch war sein Lieblingsgericht. _____

h) Auf Dauer war das sehr teuer. _____

3. Untersuche, welche Wortarten in den Sätzen oben jeweils das Subjekt bilden.

a) _____

b) _____

c) _____

d) _____

e) _____

f) _____

g) _____

h) _____

6. Die Satzglieder

Übungsblatt 3

Sätze und Satzbaupläne:

Um den Überblick über die Art und Zusammensetzung eines Satzes zu gewinnen, ist es hilfreich, mit Satzbauplänen zu arbeiten. Halte dich an folgende Anweisungen, dann ist es ganz einfach.

1. Wir unterteilen den Satz in Wortgruppen, die zusammengehören.

2. Jede Wortgruppe umrahmen wir mit einem Kasten.

3. Über jeden Kasten wird die Bezeichnung des Satzgliedes geschrieben. Dafür verwenden wir geeignete Abkürzungen: S = Subjekt, P = Prädikat, E1/E2/E3 usw. = Ergänzung (alle übrigen Glieder des Satzes).

4. Unter den Kasten werden die Bezeichnungen der Wortarten geschrieben.

Beispiele:

1. Satz:

S	P	E1	E2	P
Gestresste Ärzte	haben	es	sehr	eilig.
Adjektiv + Substantiv	Hilfsverb	Pronomen	Adverb	Adjektiv

2. Satz:

S	P	E	P
Jeder	möchte	schnell	weiterkommen.
Pronomen	Verb	Adjektiv	Verb

Fertige weitere Satzbaupläne an:

3. Satz: **Fußgänger**   gehen   oft   bei   Rot   über   die   Straße.

4. Satz: **Autofahrer**   starten   an   den   Ampeln   zu   früh.

5. Satz: **Genervte**   **Lastwagenfahrer**   machen   ihrem   Ärger   Luft.

- *An welchen Stellen des Satzes können Teile des Prädikats stehen? Verbinde sie mit einem Bogen.*

- *Stelle zusammen, aus welchen Wortarten Subjektausdrücke gebildet werden können.*

- *Kannst du die verschiedenen Arten der Ergänzungen auch schon benennen?*

Arbeitsblätter Grammatik für die Sek. I

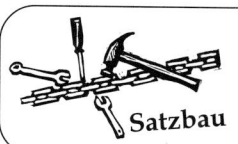

Satzbau

Übungsblatt 4

1. Bestimme in den folgenden Sätzen die Satzglieder:

Der NW-Lehrer	experimentierte	im Physikraum.	
Hans	repariert	den Motor.	
Eva	hilft	ihrer Freundin.	
Die Schülervertreter	enthielten sich	ihrer Stimme.	
Der Mieter	verstieß	gegen die Hausordnung.	
Köln	liegt	am Rhein.	
Die Sitzung	dauerte	den ganzen Tag.	
Der Himmel	ist	blau.	
Der Brand	entstand	aus Unachtsamkeit.	
Die Bank	gewährte	dem Kunden	einen Kredit.
Der Richter	beschuldigte	den Angeklagten	des Diebstahls.
Er	bat	seine Tante	um Nachricht.
Das Ergebnis	stimmte	die Lehrerin	nachdenklich.

2. Schreibe die Sätze ins Heft und bestimme die unterstrichenen Satzglieder.

Der Spieler tritt den Ball. Der Meister gibt dem Auszubildenden einen Auftrag.
Am Morgen sah es noch nach Regen aus. Die Kinovorstellung war ausverkauft.
Täglich lese ich Zeitung. Aus Mitleid spendete sie für die Kinder in Afrika.
In der Disko ging es heiß her. Meine Brötchen kaufe ich sonntags am Bahnhof. Das Geld des Lottogewinners wurde gut angelegt.
Ein Fotomodell achtet immer auf seine schlanke Linie. Noch niemals war die alte Frau im Ausland gewesen. Das Essen beim Italiener schmeckt immer wieder gut. Gerti träumt den ganzen Tag im Geschäft von Norbert.
Johann Wolfgang von Goethe kaufte einen gebrauchten VW.
Der Schauspieler gab dem Affen Zucker.
Michael Jackson hat auch einen Affen.
Anfang Mai verschrieb der Arzt dem Patienten eine Kur.
Die Fete dauerte bis Mitternacht.
Im Urlaub fuhr er nach Griechenland.

6. Die Satzglieder

Übungsblatt 5

Satzbau

1. Ergänze!

Ein vollständiger Satz muss mindestens aus _____ und

_____ bestehen.

Das _____ ist die Satzerweiterung im 1. Fall.

Man fragt danach: _____ oder

_____ ?

Das _____-Objekt ist die Satzerweiterung im 2. Fall.

Man fragt danach: _____ ?

Das _____-Objekt ist die Satzerweiterung im 3. Fall.

Man fragt danach: _____ ?

Das _____-Objekt ist die Satzerweiterung im

_____ .

Man fragt danach: _____ ?

Das Präpositional-Objekt ist eine Satzerweiterung in Verbindung mit einer

_____ .

2. Bestimme die Satzglieder!

Übung		macht		den		Meister.
Ich		helfe		meiner		Freundin.
Die	Oma	erzählt	den	Enkeln	eine	Geschichte.
Der	Professor	hielt	einen	Vortrag	über	Australien.
Der	Wagen	des	Karnevalvereins	war	herrlich	geschmückt.
Dieses	Arbeitsblatt	bereitet	mir	keine		Schwierigkeiten.

Ich freue mich auf die nächsten Aufgaben meines Lehrers/meiner Lehrerin.

Arbeitsblätter Grammatik für die Sek. I
© Verlag an der Ruhr, Postfach 10 22 51, 45422 Mülheim an der Ruhr, www.verlagruhr.de

Satzbau

6. Die Satzglieder

■ Test 1

Name: _____ Klasse: _____ Datum: _____

1. Stelle die richtige Frage nach dem unterstrichenen Satzglied.

1.	Andy	hatte	das Auto	<u>der Eltern</u>	ausgeliehen.	☐

| 2. | Der | Einbruch | geschah | <u>am frühen Morgen.</u> | | ☐ |

| 3. | Gestern | <u>haben</u> | wir | eine Wette | <u>abgeschlossen.</u> | ☐ |

| 4. | Der Wolf | fraß | die | <u>sieben Zwerge.</u> | | ☐ |

| 5. | Im Märchen | ist | <u>alles</u> | ganz anders. | | ☐ |

| 6. | Dornröschen | lag | <u>auf einem Wasserbett.</u> | | | ☐ |

| 7. | Knecht Ruprecht | <u>tauschte</u> | seinen Schlitten | gegen ein Motorrad. | | ☐ |

| 8. | <u>Der Froschkönig</u> | küsste | eine Prinzessin. | | | ☐ |

2. Bestimme die unterstrichenen Satzglieder.

1.	<u>Sabine</u>	geht	täglich	<u>in die Schule.</u>		☐

| 2. | Mutter | <u>hatte</u> | schon | drei | Mal | <u>gerufen.</u> | ☐ |

| 3. | Der | Spieler | schoss | <u>ein Tor.</u> | | ☐ |

| 4. | Der | Kunde | gab | <u>der Kassiererin</u> | das Geld. | ☐ |

| 5. | Der Tankwart | reinigte | das Auto | <u>gründlich.</u> | | ☐ |

| 6. | Der Angler | saß | <u>am Ufer</u> | und | wartete. | ☐ |

Punktzahl: ☐

Satzbau

Test 1 (Fortsetzung)

Name: _____ Klasse: _____ Datum: _____

7. Die Schwester	des Mannes	hatte	Geburtstag.	☐

8. Um acht Uhr	gehen	wir	ins Kino.	☐

9. Der Mitarbeiter	fehlte	wegen Krankheit.	☐

10. Ein Boxer	achtet	immer	auf sein Idealgewicht.	☐

3. Ergänze die Regeln.

1. Das Objekt, das auf die Frage „wem?" antwortet, heißt

_____   ☐

2. Die adverbiale Bestimmung des Grundes ermittelt man mit Fragen wie:

_____   ☐

3. Attribute haben die Aufgabe

_____   ☐

4. Ein präpositionales Objekt ist

_____   ☐

5. Der kleinste mögliche Satz wird von den Satzgliedern

_____ gebildet.   ☐

Punktzahl 2. Seite:
Übertrag 1. Seite:
Punktzahl gesamt:

Viel Erfolg!

Bewertung: _____

Unterschrift: _____

Arbeitsblätter Grammatik für die Sek. I

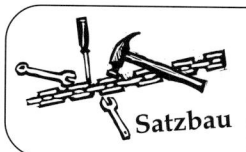

■ *Test 2*

Name: _____ Klasse: _____ Datum: _____

1. *Stelle in den folgenden Sätzen die Frage nach dem Subjekt im ganzen Satz und unterstreiche das Subjekt.*

a) Franz schläft gerne lange.

Frage: _____ ▢

b) Häufig kommt er zu spät zur Schule.

Frage: _____ ▢

c) Seine Mutter schimpft immer mit ihm.

Frage: _____ ▢

d) Sie will ihn jetzt immer wecken.

Frage: _____ ▢

2. *Wie lautet die Frage nach dem Prädikat eines Satzes?*

Frage: _____ ▢

3. *Setze in die folgenden Sätze ein passendes Prädikat ein und frage anschließend danach.*

a) Das Auto _____ über die Autobahn.

Frage: _____ ▢

b) Die Polizei _____ den Fahrer _____ .

Frage: _____ ▢

c) Er _____ .

Frage: _____ ▢

d) Glücklicherweise _____ er keinen Unfall.

Frage: _____ ▢

Punktzahl: ▢

Satzbau

■ Test 2 (Fortsetzung)

Name: _____ Klasse: _____ Datum: _____

4. Ergänze die Lücken.

Das Subjekt ist ein _____ .

Es antwortet auf die Frage _____ .

Das Subjekt zeigt uns, _____

_____ .

Das Prädikat ist ebenfalls ein _____ .

Es sagt uns, _____

_____ .

Weder Subjekt noch Prädikat können alleine _____ .

5. Durch welche Wortart kann man das Subjekt eines Satzes ersetzen?

_____

Viel Erfolg!

Bewertung: _____

Unterschrift: _____

| Punktzahl 2. Seite: |
| Übertrag 1. Seite: |
| Punktzahl gesamt: |

Arbeitsblätter Grammatik für die Sek. I
© Verlag an der Ruhr, Postfach 10 22 51, 45422 Mülheim an der Ruhr, www.verlagruhr.de

Satzbau

Regeln und Aufgaben

Regeln

Satzverbindungen sind selbstständige Hauptsätze, die durch eine Konjunktion verbunden werden. Man kann sie auch **Satzreihe** nennen. Vor die Konjunktion kann man ein Komma setzen.

Ein **Satzgefüge** ist die Zusammensetzung von Haupt- und Nebensätzen, die auch durch eine Konjunktion verbunden sein können.

Konjunktionen im Satzgefüge erfüllen verschiedene Funktionen:
a) **temporal:**
   während – als – nachdem – seitdem – bis – ehe – usw.
b) **modal:**
   als – wie – als ob – insofern – insoweit – usw.
c) **kausal:**
   weil – da – sodass – wenn – obwohl – usw.

Vor der Konjunktion steht immer ein Komma.

Beispiele

Ich gehe ins Kino, **und** mein Bruder geht zum Fußballspiel.

Ich gehe ins Kino, **während** mein Bruder beim Fußballspiel ist.

Er spielte gut, **nachdem** er fleißig trainiert hatte.

Er machte sich Mut, **indem** er laut pfiff.
Soviel ich weiß, gab es keine andere Möglichkeit.
Sie spricht, **wie** sie es gelernt hat.

Obwohl es regnete, machten wir einen Spaziergang.
Wir gehen ins Schwimmbad, **wenn** die Sonne scheint.

Aufgaben:

1. *Bestimme: Satzverbindung (SV) oder Satzgefüge (SG)?*

   Der Schüler erhielt eine schlechte Note, und zu Hause bekam er noch Ärger. _____

   Meine Freundin machte sich bemerkbar, indem sie heftig winkte. _____

   Die Schule fällt heute aus, weil alle Lehrer krank sind. _____

   Ich gehe ins Kino oder ich gehe zum Fußball. _____

   Ich kann nicht kommen, denn ich fühle mich nicht wohl. _____

2. *Bilde Satzgefüge.*

   Es brannte. Der Blitz schlug ein.

   _____

   Er grüßte den Gast. Er verneigte sich höflich.

   _____

   Der Formel-1-Fahrer hatte gute Chancen. Er startete in der Pole-Position.

   _____

   Sie trennten sich. Sie verstanden sich nicht mehr.

   _____

Übungsblatt 1

Mit *entgegengesetzten (adversativen) Satzverbindungen* drückt man
eine Einschränkung oder einen Gegensatz aus.
Passende Konjunktionen sind z.B. **aber, allein, (je)doch, nur** und **sondern**.

Beispiel: Er ist streng, aber gerecht.

Schreibe die Sätze in richtiger Groß- und Kleinschreibung ab,
setze die fehlenden Satzzeichen und unterstreiche die Konjunktionen.

die amtszeit des bundespräsidenten dauert fünf jahre
aber sie kann noch einmal um fünf jahre verlängert werden

der bundestag verabschiedet die gesetze aber sie treten erst
nach der unterzeichnung durch den bundespräsidenten in kraft

frankreich erlebte 1788/89 den kältesten winter des jahrhunderts
denn noch niemals war das thermometer unter −20 Grad Celsius gefallen

in paris standen in bitterer kälte frauen und kinder vor den bäckerläden schlange
aber oft mussten sie ohne brot wieder abziehen

das volk hungerte aber der adel feierte fröhlich feste

Bilde sinnvolle Satzverbindungen mit „denn" und „aber".

Am Morgen des 14. Juli 1789 versammelte sich eine empörte Menge vor der Bastille.
In den Gefängniszellen sollten Hunderte von Gefangenen schmachten.
Am Nachmittag besetzten die Aufrührer das Gefängnis.
Sie fanden nur sieben Gefangene vor.

Bilde mit Hilfe der Stichwörter Satzverbindungen mit „aber".

a) 10 Uhr Beginn – Fütterung – Zoo – Wärter noch nicht da
b) Besucher schon ungeduldig – Tierpfleger kommt endlich
c) Seelöwen – schon zwei Eimer Heringe gefressen – immer noch hungrig
d) Tierpflegerin schiebt – Wagen – Fleisch – Raubtierhalle – hat Schlüssel vergessen
e) Löwen lagen ruhig in der Ecke – brüllen jetzt laut durch die Halle
f) Schnell – Tiere verschlingen Fleisch – scheinbar immer noch hungrig

Das Bindewort „aber" drückt in einer Satzverbindung immer eine Gegenüberstellung
oder einen Gegensatz aus. Vervollständige die Sätze.

a) Das Betreten des Rasens ist erlaubt, aber

_____

b) Bei uns ist es im Sommer manchmal heiß, aber

_____

c) Das Schiff war verloren, aber

_____

d) Es regnete in Strömen, aber

_____

Satzbau

■ Übungsblatt 2

1. Verfasse aus den nachfolgenden Stichwörtern einen zusammenhängenden Text mit Satzgefügen. Setze die Zeichen richtig. Achte auf eine treffende und lebendige Ausdrucksweise.

Die Beatles

In den Jahren nach 1960 – neue Musikrichtung – Beat – Ursprung Liverpool – Arbeiterstadt – dort keine Seltenheit – junge Leute in Kellern – laute Musik – Bands selten bekannt außerhalb – Anfang der Beatles – Musizieren in verschiedenen Bands – kennen gelernt – keine Meister im Gitarrenspiel – selbst beigebracht – aber eigener Stil – Stampfen und Hämmern – charakteristisch für ihre Musik – Starclub, Beatschuppen in Hamburg – Attraktion aus England – in London unbekannt – bald erste Platte in England: Love me do – Hitparade – Fachwelt erstaunt – völlig unbekannte Gruppe – Aufsteiger – erste LP folgte – ganze Welt verrückt nach Beatles – so genannte „Beatlemania" – von Erfolg zu Erfolg wachsend – Schreien und Weinen der Mädchen bei Konzerten – übertönte Musik – John, Paul, George und Ringo erfolgreichste Gruppe – Anerkennung in der ganzen Musikwelt – Platte „Sergeant Pepper" – völlig neu und großartig – noch nie da gewesener Stil und Sound in Popmusik – Eigenwilligkeit, Starruhm, Einsamkeit, finanzielle Unklarheiten – Auflösung der Beatles nach Tod des Managers Brian Epstein – Solokarrieren – viele Beatlesplatten heute Evergreens

2. Kennzeichne die verschiedenen Gliedsätze, die du in deinem Text eingebaut hast, mit unterschiedlichen Farben: Subjektsätze, Objektsätze, Adverbialsätze, Relativsätze.

Beispiel für einen Subjektsatz:

Beispiel für einen Objektsatz:

Beispiel für einen Adverbialsatz:

Beispiel für einen Relativsatz:

Übungsblatt 3

Textrettung

Kürzlich fand man auf dem Dachboden eines Pfarrhauses einen uralten Koffer mit
noch älteren Büchern, die sich schon ziemlich aufgelöst hatten und fast unleserlich waren.
Einige wenige Seiten gaben noch Text her, allerdings waren auch sie zu Stücken zerfallen.
Ein Restaurator machte sich an die Arbeit. Er fand bisher heraus, dass es sich
bei dem Text um eine alte fränkische Sage mit dem Titel „Der Wasserneck" handelt.
Ein Neck ist ein Geist.

Kannst du helfen, auch den übrigen Text zu entziffern?
Schreibe ihn richtig in dein Heft.

nächtliche Stille erscholl. Denn ein jeder musste unwillkürlich an den Wasserneck denken, der hier im Bach wohnen sollte. Etliche Leute in der Umgegend

Bald verspürten sie schon Müdigkeit und ließen sich am Bachufer auf ihre Birkenreiser nieder und ruhten aus. Es war bitterkalt,

der Bach führte Eis, und plötzlich vernahmen die drei in dem gefrorenen Bach ein heftiges Poltern, als ob jemand mit großen Eisbrocken würfe.

und er rief spottend: „Ei, gebt Acht, dass euch der Wassermann nicht holt! Hoho, Herr Wassermann, hoho!"

In einer Winternacht gingen drei Besenschnitzer von Königshofen nach Aschaffenburg, wo sie auf dem Markt ihre Besen verkaufen wollten. Um rechtzeitig

Also betraten sie den Steg. Sie waren auch schon fast hinüber, da packte den jungen Burschen, welcher zuletzt schritt, der blanke Übermut

Wasserneck nichts. Ich will der Letzte sein; denn der Wassermann und ich sind alte Freunde."

der Jüngste im Scherz zu einem seiner Begleiter: „Hannes, geh du voraus, du bist ein frommer Mann, dir tut der

Kaum hatte er diese Worte ausgesprochen, fasste ihn eine unsichtbare Hand und riss und zog ihn durchs Eis hinunter in die kalte Flut. Wie die zwei anderen erschraken! Sie wagten nun keine Silbe mehr zu sprechen, solange sie nicht

in der Stadt zu sein, mussten sie lange vor Tag von daheim fort, und sie schritten mit dem schweren Bündel auf der Schulter über den knirschenden Schnee.

fern des Baches waren. Und nach dem Verkauf ihrer Besen gingen sie heimwärts nicht mehr über den Steg, sondern sie suchten lieber auf einem Umweg in ihr Dorf zu gelangen.

Die Männer, für gewöhnlich ohne Furcht, erschraken aber doch bei dem Lärm, der wie Donnerkrachen aus dem Bache durch die

hatten einige Mal seine Rufe vernommen. „Hoho, hoho!" schrie er in finsterer Nacht; und die Menschen wichen ihm aus, weil er als tückisch galt

... galt, und nicht leicht wagte es jemand, sich in der Nähe der Kahl über ihn lustig zu machen.

Nun mussten die drei Königshofer Männer, um ihren Weg fortzusetzen, über den Bach, und da wollte auf dem Steg keiner der Erste oder der Letzte sein. Endlich sprach

Fabulöses

Hier sind dem Erzähler einige Fabeln durcheinander geraten. Er hat daraus eine gemacht. Wie viele sind es tatsächlich und wie müssen sie sich – richtig erzählt – anhören? Schreibe die Fabeln mit passender Überschrift ins Heft.

Die Schnecke und der Wolf und der Zug und der Weißfisch und der Esel und die Kaulquappe und ...

Eine Schnecke, die an einem Bahndamm wohnte, ärgerte sich alle Tage über einen Schnellzug. „Aber um Himmels willen!" rief der Weißfisch verstört, „bedenke doch, Lieber: meine Flossen! Die Kiemen!" Wenn er vorbeibrauste, erschreckte er sie. Sie stellte sich zwischen die Schienen und schrie voll grimmen Mutes: „Niederstoßen werde ich dich!" „Ei, aber ja", hauchte der Weißfisch ergeben. Kaum hatte er es ausgesprochen, so zerriss er den Esel. Was dann geschah? Sie drehte sich erbost um und rief ihm voller Erregung nach: „Er hält mir nicht stand, er ist ein Feigling!" Ein Esel begegnete einem hungrigen Wolf. „Warte, du Lümmel, das werde ich dir austreiben", sagte sie eines Tages. Eine Kaulquappe hatte einen Weißfisch geehelicht. Der Wolf solle Mitleid mit ihm haben, sagte der zitternde Esel. Er tue ihm wahrhaftig leid, erwiderte der Wolf und er fühle sich durch sein Gewissen verpflichtet, ihn von diesen Schmerzen zu befreien. „Liebst du mich, oder liebst du mich nicht? Als ihr Beine wuchsen und sie ein Frosch zu werden begann, sagte sie eines Morgens zu ihm: „Martha, ich werde jetzt bald einer Berufung aufs Festland nachkommen müssen; es wird angebracht sein, dass du dich beizeiten daran gewöhnst, auf dem Lande zu leben. Die Kaulquappe sah seufzend zur Decke empor. Er sei ein armes, krankes Tier, der Wolf möge nur sehen, was für einen Dorn er sich in den Fuß getreten habe. Der Zug kam und brauste über sie hinweg. „Na also", sagte die Kaulquappe.

Übungsblatt 5

1. *Ordne die folgenden Satzgefüge. Achte auf die Zeichensetzung!*

a) so gebaut einige dass sich sie in Stunde Turmcafes sind 360 Grad einer drehen um

_____

b) Besucher in Weise gewähren dieser dem sie der Platz auf bleibt sitzen seinem

in einen Himmelsrichtungen alle Ausblick

_____

_____

c) überfüllt Restaurants oft schönem bei Wetter die sind da Ausblick der ist reizvoll

Sicht klarer bei

_____

_____

2. *Schreibe einen zusammenhängenden Text in dein Heft.*
Es dürfen Wörter ergänzt werden. Achte auf passende Formulierungen.

Fernsehtürme

Eiffelturm – erbaut für Pariser Weltausstellung 1889 –
viele Jahrzehnte höchster Turm der Welt – Zwang der
Ingenieure – Bau höherer Türme – UKW-Funk und
Fernsehen – Reichweite der Sender abhängig von Höhe
des Sendeturmes – nach 1950 setzte sich Fernsehen in
allen Industriestaaten durch – Bau von Fernsehtürmen mit
200–500 Meter Höhe – erste Türme mit Sendebetrieb in
Dortmund und Stuttgart – Höhe wird übertroffen durch
Berliner Fernsehturm – 360 Meter – rund 150 Meter höher
– in vielen Fernsehtürmen Restaurants – Fremdenverkehr
– aus 200 Metern Höhe – Blick auf
Städte und Landschaften –
Vogelperspektive – Besucher
vom Weitblick begeistert

Ganze Sätze

Im täglichen Umgang mit anderen Menschen reicht oft ein kurzes Stichwort
zur Verständigung aus. Genauer ist aber die Aussage im ganzen Satz.
In der Schriftsprache wird in den meisten Fällen der ganze Satz eingesetzt.

Beispiel:

Im Geschichtsunterricht fragt die Lehrerin: *„Wo hat Martin Luther die Bibel übersetzt?"*
Jörn meldet sich und sagt: *„Auf der Wartburg."*
Die Lehrerin korrigiert: *„Martin Luther hat die Bibel auf der Wartburg übersetzt."*
„Das habe ich doch gesagt!" erwidert Jörn.

Hat Jörn das gesagt? _____

Was hat er wirklich gesagt? _____

Warum ist trotzdem verständlich, was Jörn gemeint hat?

_____

Wann ist es unbedingt nötig, im ganzen Satz zu sprechen?

_____

Verfolge die kleine Szene und wandle sie um in einen vollständigen Text.
Ihr könnt diese oder ähnliche Szenen auch spielen.

Mahlzeit!
Mahlzeit!
Was gibt's denn?
Wie immer freitags.
Hoffentlich gut gewürzt!
Nicht so drängeln!
Zeit ist knapp!
Pause!
Nicht so viel!
Spatzenmagen?
Werd' zu dick.
Davon auch?
Klar, aber ordentlich!
Trinken?
Wasser!
Dort drüben!
Endlich sitzen!
Guten Hunger!
Du auch!

Sätze bestimmen

*Analysiere den Text: Bestimme Haupt- und Nebensätze und die Art der Nebensätze.
Suche einige Sätze heraus und fertige Satzbaupläne an, in denen du alle
Satzglieder bestimmst.*

Ägyptenreise

Wer zum ersten Mal nach Ägypten reist, landet
in der Regel mit dem Flugzeug auf dem Flughafen
von Kairo. Kairo ist die drittgrößte Stadt der Welt
mit 18–20 Millionen Einwohnern im Großraum.
Schon beim Landeanflug lässt sich diese Größe
ahnen, da man nach Einbruch der Dämmerung
sehr lange über einem unendlichen Lichtermeer
kreist.

Nach der ersten Nacht im Hotel wird man dann am
nächsten Morgen als Mitteleuropäer in eine völlig
fremde Welt hineingeworfen, die man erst einmal
verarbeiten muss. Der Verkehr ist abnorm! Autos
und Taxis ohne Ende, Sammelbusse, in die die
Menschen förmlich hineingestopft sind, Menschenmassen, wohin man auch schaut. Die Polizisten,
die überall auf den Kreuzungen stehen, gestikulieren wild und bedienen ausgiebig ihre Trillerpfeifen.
Aber man weiß nicht, was sie eigentlich regeln.
Zwar gibt es auch hin und wieder Ampeln, aber
Rot ist in Ägypten nur eine Farbe. Niemand hält
vor einer roten Ampel. Alle fahren und gehen aus
allen Richtungen über die riesigen Straßenkreu-
zungen, wie sie wollen, aber es funktioniert.

Noch fremder wird es, begibt man sich einmal
weg von den üblichen Touristenpfaden in die engen Seitenstraßen der Stadtviertel. Das islamische
Viertel von Kairo ist durchzogen von solchen Straßen, die den Basar, das Einkaufszentrum der Einheimischen, bilden. Hier wird man über weite
Strecken kaum einem Touristen begegnen. Es ist
eng, vollgestopft mit Menschen, Tieren, Transportgeräten und Waren und voller sinnlicher Eindrücke.
Aber auch der Fremde, der sich hierher verirrt
oder ganz bewusst die Gegend aufgesucht hat,
begegnet freundlichen Menschen, die einen Gruß

sofort erwidern. Natürlich wittern sie auch ein
Geschäft und animieren oft genug zum Handel.
Und auch das Wort „Bakschisch" (kleine Schmiergelder) hört man mehr als einmal. Am besten
nimmt man diese Eindrücke in sich auf, indem
man sich in eine der überall gegenwärtigen
Teestuben setzt und den Trubel rundherum als
stiller Beobachter genießt.

Natürlich werden in Kairo auch die Sehenswürdigkeiten angesteuert. Erste Adresse für den Reisenden ist das Ägyptische Museum mit seiner einzigartigen und unüberschaubaren Sammlung von
altägyptischen Hinterlassenschaften. Besonders
die Abteilung, in der die Grabbeigaben des
Pharaos Tutanchamun ausgestellt sind, ist überlaufen. Eine besondere Stimmung umgibt einen
beim Betreten der klimatisierten Räume, in denen
die Mumien einiger Pharaonen aufgebahrt sind.
Es ist schon merkwürdig, wenn man dem großen
Ramses II. im Zustand seines konservierten Todes
gegenübersteht. Ob er sich das damals so gedacht
hat?

Nicht zuletzt ist der Besuch der großen Pyramiden
bei Giseh angesagt. Giseh ist ein Vorort von Kairo
geworden, und die Pyramiden, einstmals allein auf
weiter Flur, sind nun eingekreist von den Stadtrandsiedlungen. Die schiere Größe dieser Bauwerke erschlägt einen fast, wenn man davor steht.
Wenn man Glück hat, kann man auch das Innere
der Pyramiden besichtigen. Besonders bei der
Cheops-Pyramide ist das beeindruckend. Aber es
ist auch unglaublich anstrengend, und Menschen,
die in engen Räumen Probleme haben, sollten sich
auf dieses Besichtigungsabenteuer ohnehin nicht
einlassen.

■ Test

Name: _____ Klasse: _____ Datum: _____

1. Unterstreiche in den folgenden Satzgefügen den Adverbialsatz und gib an, welcher Art er ist. □

a) Der Polizist konnte den Dieb ergreifen, als dieser flüchten wollte.

Art: _____

b) Obwohl es stark regnete, machten wir eine Wanderung.

Art: _____

c) Wenn ich einmal reich bin, kaufe ich mir ein Haus.

Art: _____

d) Ich wartete an der Bushaltestelle, wo mein Vater mich abholte.

Art: _____

e) Weil die Schule umgebaut wird, bleibt sie drei Monate geschlossen.

Art: _____

2. Setze die richtigen Satzzeichen (Komma und Semikolon). □

Möchtest du mir etwas zum Geburtstag schenken Wenn ja wünsche ich mir eine Modelleisenbahn einen Computer groß und leistungsstark einen Sportanzug mit Tennisschläger einen Satz Tennisbälle ein Paar Turmschuhe gute aus Leder einen Videorekorder und drei Filme lange und teure

3. Nenne Konjunktionen, vor denen immer ein Komma steht. □

_____

4. Setze Kommas an die richtigen Stellen. □

a) Hallo komm doch mal her!
b) Paul mein älterer Bruder feiert morgen seinen Geburtstag.
c) Die Eingangstür blau und grün bemalt fiel mir sofort auf.
d) Hans reiche mir bitte die Zeitung!
e) Bananen nein die mag ich nicht.

5. Forme das folgende Rezept so um, dass du die Glieder einer Aufzählung durch Kommas trennst. Schreibe auf ein Extrablatt. □

Du kaufst ein: vier Rouladen und vier Paprikaschoten und zwei rote Tomaten und zwei grüne und zwei dicke Zwiebeln und zwei Knoblauchzehen.
Außerdem benötigst du zwei Esslöffel Sojasoße und eine halbe Tasse ungeschlagene Sahne und zwei Teelöffel Curry und Öl und eine Prise Salz.

Viel Erfolg!

Bewertung: _____

Unterschrift: _____

Punktzahl:

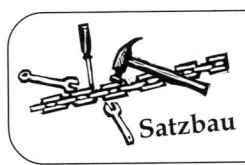
Wiederholung: Satzbausteine 1

Gut gebaut

	Wer ein Haus bauen will, benötigt einen Bauplan und Baumaterial. In der Regel wird mit Steinen gebaut: Ziegelsteine, Hohlblocksteine, Ytong-Steine.
	Der Maurer fügt die vielen einzelnen Bausteine sorgfältig zusammen. Es entstehen Mauern und damit die Wände des Hauses.
	Die Wände wachsen in die Höhe, es werden Zwischendecken eingezogen. Das Haus wächst Etage um Etage. Gleichzeitig entstehen an dem Haus Besonderheiten wie etwa Balkone.
	Schließlich erhält das Haus noch ein Dach. So ist aus vielen kleinen Bausteinen ein großes Gebilde geworden, das je nach Ausführung am Ende sehr einfach oder sehr kompliziert sein kann.

Aufgabe:

Wandle die Darstellung oben so um, dass sie für das Thema „Satzbau" gilt. Verwende möglichst viele der folgenden Begriffe:

Wörter, Satzteile, Satzglieder, Gliedsatz, Hauptsatz, Nebensatz, Satzgefüge

Wiederholung: Satzbausteine 2

Aus Wörtern werden ...

Wort	Wortart?	Wort	Wortart?
Sabine		Ronja	
gehen		treffen	
Sommer		wo	
Freundin		sich	
ihre		alle	
im		Klasse	
und		der	
ins		immer	
Freibad		aus	

... Satzglieder

Schau dir die Wörter oben genau an und beantworte folgende Fragen:

Wer oder was tut etwas?

_____ Satzglied? _____

Was geschieht?

_____ Satzglied? _____

Wann geschieht es?

_____ Satzglied? _____

Auf welches Ziel ist das Geschehen gerichtet?

_____ Satzglied? _____

... Sätze

Aus den oben bestimmten Satzgliedern entsteht folgender Satz:

_____ .

Der Satz ist vollständig und kann alleine stehen. Es ist der _____ .

Er kann durch einen weiteren angehängten Satz näher bestimmt werden.

... Satzgefüge

Der gebildete, näher zu bestimmende Satz aus den Wörtern oben lautet:

_____ .

Dieser Satz kann nicht allein stehen. Es ist der _____ .

_____ und _____ bilden ein Satzgefüge.

Wiederholung: Satzbausteine 3

Wörter zu Satzgliedern zu Sätzen

Aus einzelnen Wörtern oder Wortgruppen werden bei der Bildung eines Satzes zunächst Teile des Satzes, die Satzglieder. Mehrere Satzglieder fügen sich wiederum zu einem vollständigen Satz zusammen.

Der	Zug	fährt	in	den	Bahnhof	ein.
Wortart **Artikel**	Wortart **Substantiv**	Wortart **Verbteil**	Wortart **Präposition**	Wortart **Artikel**	Wortart **Substantiv**	Wortart **Verbteil**
Satzglied **Subjekt**		Satzglied **Prädikat**	Satzglied **präpositionales Objekt**			Satzglied **Prädikat**

Verb: einfahren

Kennzeichne Wortarten und Satzglieder des folgenden Satzes:

Die	Reisenden	steigen	schnell	ein.

Verb:

Ergänze den nächsten Satz und behandle ihn ebenso:

Der Fahrdienstleiter

Ergänze den Text:

Die kleinsten Bausteine eines Satzes sind die _____ . Einzelne

_____ oder _____ bilden die

Teile eines Satzes. Diese Teile heißen _____ , zum Beispiel

_____ , _____ oder

_____ . Mehrere von ihnen zusammengefügt bilden einen

vollständigen Satz. Ein Satz muss aber mindestens _____ und

_____ enthalten.

LÖSUNGEN

Seite 9

Aufgabe 2:

Unter **Deklination** eines Wortes versteht man eine Beugung, die das Wort entsprechend seiner Bedeutung im Satzgefüge in die vier verschiedenen Fälle Nominativ, Genitiv, Dativ und Akkusativ setzt. Dekliniert werden können Substantive, Artikel, Adjektive, Pronomen und Numeralien. Verben (ausgenommen substantivierte Verben), Adverbien, Präpositionen, Konjunktionen und Interjektionen können nicht dekliniert werden.

Die **Konjugation** ist die Formveränderung von Verben durch Beugung. Verben werden verändert nach Person (1., 2., 3. Person), Numerus (Singular, Plural), Tempus (Präsens, Präteritum, Perfekt, Plusquamperfekt, Futur I, Futur II), Modus (Indikativ, Konjunktiv, Imperativ) und Genus Verbi (Aktiv, Passiv). Man unterscheidet zwischen regelmäßiger Konjugation bei schwachen Verben und unregelmäßiger Konjugation bei starken Verben.

Aufgabe 4: *(Beispiele)*

rufen (unregelmäßiges Verb):

Präsens: ich rufe – du rufst – er/sie/es ruft – wir rufen – ihr ruft – sie rufen

Präteritum: ich rief – du riefst – er/sie/es rief – wir riefen – ihr rieft – sie riefen

Perfekt: ich habe gerufen – du hast gerufen – er/sie/es hat gerufen – wir haben gerufen – ihr habt gerufen – sie haben gerufen

Plusquamperfekt: ich hatte gerufen – du hattest gerufen – er/sie/es hatte gerufen – wir hatten gerufen – ihr hattet gerufen – sie hatten gerufen

Futur I: ich werde rufen – du wirst rufen – er/sie/es wird rufen – wir werden rufen – ihr werdet rufen – sie werden rufen

Futur II: ich werde gerufen haben – du wirst gerufen haben – er/sie/es wird gerufen haben – wir werden gerufen haben – ihr werdet gerufen haben – sie werden gerufen haben

leben (regelmäßiges Verb):

Präsens: ich lebe – du lebst – er/sie/es lebt – wir leben – ihr lebt – sie leben

Präteritum: ich lebte – du lebtest – er/sie/es lebte – wir lebten – ihr lebtet – sie lebten

Perfekt: ich habe gelebt – du hast gelebt – er/sie/es hat gelebt – wir haben gelebt – ihr habt gelebt – sie haben gelebt

Plusquamperfekt: ich hatte gelebt – du hattest gelebt – er/sie/es hatte gelebt – wir hatten gelebt – ihr hattet gelebt – sie hatten gelebt

Futur I: ich werde leben – du wirst leben – er/sie/es wird leben – wir werden leben – ihr werdet leben – sie werden leben

Futur II: ich werde gelebt haben – du wirst gelebt haben – er/sie/es wird gelebt haben – wir werden gelebt haben – ihr werdet gelebt haben – sie werden gelebt haben

Seite 10

- die *(Artikel)* diesjährige *(Adjektiv)* Klassenfahrt *(Substantiv)* dauerte *(Verb)* fünf *(Numerale)* Tage *(Substantiv)* und *(Konjunktion)* fand statt *(Verb)* Anfang *(Substantiv)* Juni *(Substantiv)*
- da *(Konjunktion)* das *(Artikel)* Wetter *(Substantiv)* mitspielte *(Verb)* war *(Hilfsverb, hier als Vollverb gebraucht)* der *(Artikel)* Surfkurs *(Substantiv)* ein *(Artikel)* voller *(Adjektiv)* Erfolg *(Substantiv)*
- jeder *(Pronomen)* Teilnehmer *(Substantiv)* fiel *(Verb)* nach *(Präposition)* glaubwürdiger *(Adjektiv)* Aussage *(Substantiv)* des *(Artikel)* Klassenlehrers *(Substantiv)* durchschnittlich *(Adjektiv)* 127 *(Numerale)* Mal *(Substantiv)* ins *(Präposition)* Wasser *(Substantiv)*)
- Alkohol *(Substantiv)* soll *(Verb)* dabei *(Adverb)* keine *(Pronomen)* Rolle *(Substantiv)* gespielt haben *(Verb + Hilfsverb)*
- die *(Artikel)* Woche *(Substantiv)* der *(Artikel)* Sportlichkeit *(Substantiv)* ging *(Verb)* mit *(Präposition)* einer *(Artikel)* Surf-Regatta *(Substantiv)* zu *(Präposition)* Ende *(Substantiv)*
- der *(Artikel)* Dreieckskurs *(Substantiv)* wurde abgefahren *(Hilfsverb + Verb)* in *(Präposition)* Schlangenlinien *(Substantiv)*
- die *(Artikel)* Übermüdung *(Substantiv)* der *(Artikel)* Teilnehmer *(Substantiv)* war *(Verb)* offensichtlich *(Adjektiv)* da *(Konjunktion)* auch *(Konjunktion)* nachts *(Adverb)* noch *(Adverb)* hart *(Adjektiv)* trainiert worden war *(Verb + Hilfsverben)*
- im *(Präposition)* welligen *(Adjektiv)* Gelände *(Substantiv)* ging *(Verb)* auf *(Präposition)* Grund *(Substantiv)* der *(Artikel)* Flüssigkeit *(Substantiv)* mancher *(Pronomen)* Schüler *(Substantiv)* baden *(Verb)* und *(Konjunktion)* konnte *(Verb)* erst *(Adverb)* durch *(Präposition)* den *(Artikel)* übermenschlichen *(Adjektiv)* Einsatz *(Substantiv)* der *(Artikel)* Lehrkräfte *(Substantiv)* geborgen werden *(Verb + Hilfsverb)*

Seite 12

Aufgabe 2:

Verben geben Auskunft über das, was geschieht *(Tätigkeiten)*, und darüber, wann es geschieht *(in welcher Zeit)*.

Seite 13

Aufgabe 1: *(Beispiel)*

Aktiv: Der Lehrer **hat** den Schüler gelobt.
Passiv: Der Schüler **wurde** vom Lehrer gelobt.

Aufgabe 2: *(Beispiel)*

Ich denke, also **bin** ich.

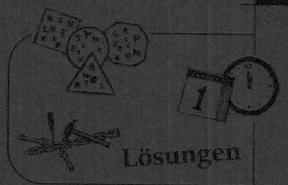
Seite 14

Aufgabe 2:
Modalverben können alleine stehen, wenn sie dem Sinn nach ein Vollverb bilden: Sabine hat gut gelernt, sie **kann** es!

Seite 15

Popstar werden

wollen – müssen – kann – mag – muss – sollen – müssen – darf – muss – muss – will

Moderne Politiker

wollen – müssen – können – soll – wollen – müssen – soll – können – darf – mag – kann

Seite 17

1. Die Sommerferien waren vorbei.
2. Nun gingen alle Schüler und Lehrer wieder in die Schule.
3. Am ersten Schultag wurden die Bücher verteilt.
4. Auch die Unterschriften der Eltern unter den Zeugnissen mussten vorgelegt werden.
5. Am zweiten Tag gab es Feueralarm.
6. Am dritten Tag kam die Schulzahnärztin und untersuchte die Kids.
7. Wegen eines Wasserrohrbruchs wurde die Schule am vierten Tag geschlossen.
8. Am Ende der Woche waren alle Beteiligten urlaubsreif.
9. Der Schülerrat verlangte sofort weitere Ferien.
10. Am Montag beriet die Lehrerkonferenz über den Antrag und die Schule fiel aus.

Seite 18

Beispiel:

Frage: Wann **hatte** dich deine Mutter damals **gerufen**?
Satz: Meine Mutter hatte mich um sieben gerufen.

Frage: Wann **laufe** ich morgen?
Satz: Du läufst nach der Siegerehrung.

Frage: Wann **haben** Sie zu Abend **gegessen**?
Satz: Wir haben spät zu Abend gegessen.

Frage: Wann **schneite** es gestern?
Satz: Es schneite gegen Mittag.

Frage: Wann **war** der Täter **verhaftet worden**?
Satz: Der Täter war gleich nach der Tat verhaftet worden.

Frage: Wann **spielen** wir wieder Karten?
Satz: Wir spielen am Wochenende wieder Karten.

Seite 19

Futur I:	Die Preise für CDs werden in den USA in Zukunft ins Rutschen kommen.
Perfekt:	Vorige Woche haben sich fünf große Plattenfirmen mit der Kartellbehörde geeinigt.
Präteritum:	Die Behörde wollte eine unerlaubte Preisabsprache nachweisen.
Perfekt:	Die Musikkonzerne haben den Händlern Mindestpreise vorgeschrieben.
Perfekt:	Die Händler haben dafür Werbezuschüsse erhalten.
Perfekt:	Wer Ware billiger verkauft hat,
Präteritum:	bekam keine Zuschüsse.
Präsens:	Die Kartellwächter schätzen, dass US-Musikfans 480 Millionen Dollar zu viel
Perfekt:	gezahlt haben.
Präteritum:	Der Jahresumsatz der US-Musikindustrie lag bei 15 Milliarden Dollar.
Präteritum:	Die Plattenfirmen verteidigten ihre Werbezuschüsse als Hilfe für die Musikhändler.
Präsens:	Vermutlich wollen die Firmen jahrelangen Auseinandersetzungen aus dem Wege gehen.

Seite 20

Der Auftritt

Mit gemischten Gefühlen saßen die fünf Musiker hinter der Bühne. Zum ersten Mal durften sie vor so vielen Menschen in einer so großen Halle spielen. Dazu noch waren sie als Vorgruppe einer Superband vorgesehen. Würde man ihnen eigentlich zuhören? Hatten sie genug geübt? Konnten sie vor lauter Lampenfieber überhaupt richtig spielen? Außerdem mussten sie auf einer fremden Anlage spielen. Und im Saal am Mischpult saß der Mann der Hauptband und bestimmte ihren Sound. Endlich kam der Showmanager und bedeutete ihnen, auf die Bühne zu gehen. Durch den schmalen Gang ging es eine Eisentreppe hoch. Kurz wurden sie verdeckt von den aufragenden Boxentürmen, dann strahlte sie gnadenlos der Bühnenspot an. Das Publikum war offensichtlich froh, dass die Show nun endlich begann, und spendete freundlichen Applaus. Die fünf jungen Musiker stöpselten ihre Gitarrenkabel ein. Noch einmal tief Luft holen! Die ersten Akkorde – noch ein wenig zaghaft angeschlagen – waberten über die riesige Bühne. Doch nach ein paar Takten vergaß die Band ihre Umwelt. Die Jungs spielten, als ginge es um ihr Leben. Und sie spielten gut. Nach 30 Minuten, die im Fluge vergingen, war der Auftritt beendet. Die Zuhörer waren hoch zufrieden. Sie hatten eine Band erlebt, von der man in Zukunft noch mehr erwarten konnte.

Seite 22

> **fett** = substantivierte Verben
> mit Artikel/Pronomen
> <u>unterstrichen</u> = normale Verben

In der Fabrikhalle

Das Klopfen und **Hämmern**, **Zischen** und **Stampfen** <u>höre</u> (Verb) ich schon aus einiger Entfernung. Als ich dann das Tor zur Halle 1 <u>öffne</u> (Verb), <u>schlägt</u> (Verb) mir ein ohrenbetäubender Lärm <u>entgegen</u> (Verbzusatz). Tapfer <u>schließe</u> (Verb) ich das Tor hinter mir und <u>gehe</u> (Verb) den breiten Gang <u>hinunter</u> (Verbzusatz). An der linken Seite <u>steht</u> (Verb) eine Metallfräse. **Ihr Kreischen** <u>übertönt</u> (Verb) deutlich die Geräusche der anderen Maschinen. Die beiden Männer, die dort <u>arbeiten</u> (Verb), <u>haben</u> (Verb) Schall schluckende Kopfhörer auf den Ohren. **Ein Verständigen** <u>ist</u> (Verb) ihnen nur durch Zeichen möglich. **Das Sägen** und **Feilen** der beiden Lehrlinge an der Werkbank rechts <u>ist</u> (Hilfsverb) im (in **dem**) **Dröhnen** der Halle nicht <u>zu hören</u> (Verb). Auch **das Bohren** am Bohrständer hinten <u>geht</u> (Verb) gänzlich <u>unter</u> (Verbzusatz). Am Ende des Ganges <u>versucht</u> (Verb) ein Mann, dem Kranführer Anweisungen <u>zu geben</u> (Verb). **Sein Schreien** <u>ist</u> (Verb) vergeblich. Fast lustig <u>ist</u> (Verb) **das** wilde **Rudern** seiner Arme. Schließlich <u>erreiche</u> (Verb) ich die Meisterbude. **Mein Klopfen** <u>wird</u> (Hilfsverb) wohl nicht <u>gehört</u> (Verb), also <u>trete</u> (Verb) ich <u>ein</u> (Verbzusatz). Drinnen <u>klingt</u> (Verb) es schon gedämpfter, aber noch nicht leise. Ich <u>stelle</u> (Verb) mich dem Meister <u>vor</u> (Verbzusatz) und <u>bitte</u> (Verb) ihn, mir über **das Tun** der zwei Praktikanten <u>zu berichten</u> (Verb), die für drei Wochen im Betrieb <u>sind</u> (Verb) und **das Arbeiten** <u>beobachten</u> (Verb). Er <u>äußert sich</u> (Verb) zufrieden über die Schüler und <u>führt</u> (Verb) mich dann zu ihrem Arbeitsplatz. Auch sie <u>sind</u> (Verb) offenbar zufrieden. Ich <u>kann</u> (Hilfsverb) es an **ihrem** fröhlichen **Lachen** <u>sehen</u> (Verb).

Seite 23

Aufgabe 2:

Handlungsverben: arbeiten – bauen – nachdenken – drücken – hobeln – klopfen – reiben – kneten – lesen – erzählen – schreiben – singen – rechnen

Vorgangsverben: wachsen – blühen – leben – rollen – fallen – pendeln – kreisen – regnen – schneien – hageln – blitzen – dämmern

Zustandsverben: bleiben – wohnen – heißen – ruhen – beharren – dauern – sein – bestehen – liegen – sitzen – hocken – stehen – verweilen

Aufgabe 3:

- Handlungsverben
- Verben verändern sich durch die Angabe von Person (1., 2., 3. Person), Tempus (Zeit: Präsens, Präteritum, Perfekt, Plusquamperfekt, Futur I, Futur II), Numerus (Zahlform: Singular, Plural), Genus (Handlungsform: Aktiv, Passiv) und Modus (Aussageweise: Indikativ, Konjunktiv, Imperativ). Die Veränderung von Verben nennt man Konjugation (Beugung).
- Hilfsverben
- Hilfsverben unterstützen die Verben in bestimmten Zeitstufen und beim Passiv: Ich **bin** schnell gelaufen. Sie ist gerufen **worden**.
- Verben geben an, was geschieht (Tätigkeit) und wann es geschieht (in welcher Zeit).

Aufgabe 4:

a) verschieden (Adjektiv)

b) Geräusch (Substantiv)

c) herrlich (Adjektiv)

Aufgabe 5:

Verben werden in der Regel **klein** geschrieben.

Seite 25

1. Der kranke Nachbar wird von den Hausbewohnern unterstützt.
2. Viele Adlige wurden in der Französischen Revolution hingerichtet.
3. Die Katze wird von dem Hund gebissen.
4. Das Schreiben wurde von uns zur Post gebracht.

Seite 26

Aufgaben 1–3:

> *kursiv* = Passiv
> <u>unterstrichen</u> = transitive Verben
> **fett** = Subjekte im Passiv

Unsere Autos

Unsere Autos *werden von den Automobilherstellern immer komfortabler* <u>*hergestellt*</u>*.* Eine Testzeitschrift <u>stellte</u> die Veränderungen an einem Modell <u>vor</u>, das kürzlich auf den Markt kam. Weil viele Käufer kritisiert hatten, die Stahlrohrsitze seien zu unbequem, *wurden **die Sitzbänke** mit Daunen* <u>*gepolstert*</u>*. Durch eine neu konstruierte Klappbank ist **die Ladefläche** erheblich* <u>*vergrößert*</u> *worden.* *Für die Stereoanlage wurde vom Hersteller **ein Lärmpegelmesser*** <u>*eingebaut*</u>*. Ebenso wurde **eine automatische Berieselungsanlage** für die Blumenkästen* <u>*vorgesehen*</u>*.* ***Das Vieranggetriebe*** *wurde durch eine Schaltung mit übersichtlichen achtzehn Gängen* <u>*ersetzt*</u>*. **Das neu gestaltete Armaturenbrett*** *wurde in Marmor* <u>*gefertigt*</u>*.* Durch das erhöhte Gewicht liegt das Fahrzeug jetzt besonders tief auf der Straße. *Dem Fahrer wurde **eine bessere Übersicht** durch die hohe Sitzposition* <u>*bereitet*</u>*.* Er schaut direkt aus dem Schiebedach auf die Route. Allerdings rappelt der Aschenbecher immer noch. *Da wird sicher bald* <u>*nachgebessert*</u> *werden.*

Aufgabe 4:

Die Automobilhersteller stellen unsere Autos immer komfortabler her. Von einer Testzeitschrift wurden die Veränderungen an einem Modell vorgestellt, das kürzlich auf den Markt kam. Weil von vielen Käufern kritisiert worden war, dass die Stahlrohrsitze zu unbequem seien, polsterte man die Sitzbänke mit Daunen. Die Ladefläche hat man durch eine neu konstruierte Klappbank erheblich vergrößert. Der Hersteller baute für die Stereoanlage einen Lärmpegelmesser ein. Ebenso sah man eine automatische Berieselungsanlage für die Blumenkästen vor. Man ersetzte das Vierganggetriebe durch eine Schaltung mit übersichtlichen achtzehn Gängen. Das neu gestaltete Armaturenbrett fertigte man in Marmor. Durch das erhöhte Gewicht liegt das Fahrzeug jetzt besonders tief auf der Straße. Man bereitete dem Fahrer eine bessere Übersicht durch die hohe Sitzposition. Er schaut direkt aus dem Schiebedach auf die Route. Allerdings rappelt der Aschenbecher immer noch. Man wird da sicher bald nachbessern.

Seite 27

Aktiv	Passiv
Stefan liebt Tanja.	Tanja wird von Stefan geliebt.
Stefan liebte Tanja.	Tanja wurde von Stefan geliebt.
Stefan hat Tanja geliebt.	T. ist von St. geliebt worden.
Stefan hatte Tanja geliebt.	T. war von St. geliebt worden.
Stefan wird Tanja lieben.	T. wird von St. geliebt werden.
Man lobt Ute.	Ute wird gelobt.
Man lobte Ute.	Ute wurde gelobt.
Man hat Ute gelobt.	Ute ist gelobt worden.
Man hatte Ute gelobt.	Ute war gelobt worden.
Man wird Ute loben.	Ute wird gelobt werden.
Der Lehrer prüft Hans.	Hans wird vom Lehrer geprüft.
Der Lehrer prüfte Hans.	Hans wurde vom Lehrer geprüft.
Der L. hat Hans geprüft.	H. ist vom L. geprüft worden.
Der L. hatte H. geprüft.	H. war vom L. geprüft worden.
Der L. wird H. prüfen.	H. wird vom L. geprüft werden.
Man befragt den Zeugen.	Der Zeuge wird befragt.
Man befragte den Zeugen.	Der Zeuge wurde befragt.
Man hat den Z. befragt.	Der Zeuge ist befragt worden.
Man hatte den Z. befragt.	Der Zeuge war befragt worden.
Man wird den Z. befragen.	Der Zeuge wird befragt werden.

Seite 28

Aufgaben 1 und 2:

fett = Subjekt   <u>unterstrichen</u> = Akkusativ-Objekt

a) Bei der Eroberung Galliens wurde **das Land** von den Römern ausgeplündert. *(Präteritum, Passiv)*

b) **Die römischen Legionäre** nahmen <u>alle Wertgegenstände</u> mit. *(Präteritum, Aktiv)*

c) Nur **wenige Schätze** waren von Asterix und Obelix in Sicherheit *(adverbiale Bestimmung des Ortes)* gebracht worden. *(Plusquamperfekt, Passiv)*

d) „In unserem Dorf überfallen uns **die Römer** nicht", meinte **Asterix** damals. *(Die wörtliche Rede ist ein Präsens, Aktiv, das allerdings eine Zukunftsform ausdrückt, der eigentliche Satz ist im Präteritum, Aktiv)*

e) Nächste Woche wird **die Klasse** Überreste eines gallischen Dorfes besuchen. *(Futur I, Aktiv)*

f) **Viele Ausgrabungsgegenstände** werden dort besichtigt werden. *(Futur I, Passiv)*

g) **Das Dorf** wurde erst kürzlich entdeckt. *(Präteritum, Passiv)*

h) Viele Jahrzehnte lang hatten **es Forscher** vergeblich gesucht. *(Plusquamperfekt, Aktiv)*

Aufgabe 3:

a) Die Römer plünderten bei der Eroberung Galliens das Land aus.

b) Alle Wertgegenstände wurden von den römischen Legionären mitgenommen.

c) Asterix und Obelix hatten nur wenige Schätze in Sicherheit gebracht.

d) „Wir werden in unserem Dorf nicht von den Römern überfallen", meinte Asterix damals.

e) Nächste Woche werden Überreste eines gallischen Dorfes von der Klasse besucht werden.

f) Man wird dort viele Ausgrabungsgegenstände besichtigen.

g) Man entdeckte das Dorf erst kürzlich.

h) Es war viele Jahrzehnte lang von Forschern vergeblich gesucht worden.

Aufgabe 4:

a) Der Computer wird von Karl gekauft.

b) Der Computer ist von Karl gekauft worden.

c) Karl kaufte den Computer.

d) Der Computer wird von Karl gekauft werden.

e) Karl kauft den Computer.

Aufgabe 5:

Ich hatte ein Stück Kuchen gegessen.
Du hattest ein Stück Kuchen gegessen.
Er/sie/es hatte ein Stück Kuchen gegessen.
Wir hatten ein Stück Kuchen gegessen.
Ihr hattet ein Stück Kuchen gegessen.
Sie hatten ein Stück Kuchen gegessen.

Aufgabe 6:

Ein **transitives Verb** zielt im Aktiv auf ein Akkusativ-Objekt. Im Passiv wird dieses Objekt zum Subjekt.
Beispiel: Der Mann ruft den Hund.
        Der Hund wird von dem Mann gerufen.

Ein **intransitives Verb** kann kein Akkusativ-Objekt bei sich haben. In den meisten Fällen lässt sich ein unpersönliches Passiv bilden.
Beispiel: Die Menge jubelte. – Es wurde gejubelt.

Allerdings ergibt das unpersönliche Passiv nicht immer einen vernünftigen Sinn:

Beispiel: Die Blumen <u>dufteten</u>. – Es <u>wurde geduftet</u>.

Aufgabe 7:

Beispiele:

a) liebend – lesend – fordernd

b) geliebt – gelesen – gefordert

Seite 29

Aufgabe 1: Konjunktiv: a) Es wird behauptet, Auto fahren sei gefährlich.

b) Bei einem Fahrverbot würde es zum

Protest der Autofahrer kommen.

Aufgabe 2: Imperativ: a) Schweig!

b) Schau!

Seite 30

Gefährliches Sonnenbad

- Inken fragt, warum sie denn nicht länger in der Sonne liegen dürfe.
- Sie wolle doch wohl keinen Sonnenbrand bekommen, erwidert ihre Mutter, und durch das Ozonloch bestehe zusätzlich die Gefahr des Hautkrebses.
- Inken meint, na ja, sie möchte aber doch endlich mal schön braun werden.
- Das erreiche sie aber nicht dadurch, dass sie stundenlang in der Sonne brate, wirft ihr Vater ein, und morgen sehe sie aus wie ein Himbeerpudding und habe zusätzlich ganz elende Schmerzen.
- Die Mutter rät ihr, sich jeden Tag nur ganz kurz in die Sonne zu legen, auf Dauer bekomme sie dann auch die richtige Farbe. Außerdem werde man auch im Schatten braun.

Seite 33

- Nominativ *Wer oder was war gut besucht?*
- 1. Dativ *Wem gelang die Erklärung gut?*
  2. Genitiv *Wessen Erklärung gelang dem Mitarbeiter der Sternwarte gut?*
- Akkusativ *Wen oder was konnte man in aller Welt verfolgen?*
- Akkusativ *Wen oder was hatten alle Besucher?*
- Nominativ *Wer oder was glaubte an einen Weltuntergang?*
- Dativ *Wem war nicht zu helfen?*
- 1. Nominativ *Wer oder was wurde zur Nacht?*
  2. Genitiv *Wessen Scheibe verdeckte die Sonne?*
- Akkusativ *Wen oder was sah man?*
- Akkusativ *Wen oder was spendierte die Sternwarte?*

Seite 34

1. das Auto des Professors Schmitz *oder:* Professor Schmitz' Auto
2. die Lieblingspommesbude von Hans *oder:* Hans' Lieblingspommesbude
3. der Hit des Rappers Hits *oder:* Rapper Hits' Hit
4. Doktor Schulz' Praxis *oder:* die Praxis des Doktor Schulz (Ausnahme: Der Titel Doktor (Dr.) wird, da er als Teil des Namens gilt, nicht gebeugt.)
5. die Vorlesung des Professors Doktor Franz *oder:* Professor Doktor Franz' Vorlesung
6. das Gesetz des Sonnenkönigs Ludwig XIV. *oder:* Sonnenkönig Ludwigs XIV. Gesetz
7. die Enzyklika (Rundschreiben) des Papstes Johannes Paul II. *oder:* Papst Johannes Pauls II. Enzyklika
8. der Verlag des Verlegers Schmalz *oder:* Verleger Schmalz' Verlag
9. King Elvis' Gitarre *oder:* die Gitarre des King Elvis (Nach deutscher Grammatik müsste es zwar eigentlich lauten: „des Kings Elvis", aber „King Elvis" ist in diesem Fall eine feste Bezeichnung und als Name zu verstehen.)
10. das Tor des Bundesligaschützenkönigs *oder:* des Bundesligaschützenkönigs' Tor

Seite 36

Aufgabe 1:

Sauberkeit, Pflanzung, Krankheit, Beratung, Bearbeitung, Rohheit, Ehrlichkeit, Erhebung, Faulheit, Ewigkeit, Ernennung, Festlichkeit, Verbrennung, Schönheit, Gefährlichkeit, Neuheit, Strebsamkeit, Reinheit, Tapferkeit, Beförderung

Aufgabe 2: -heit, -keit, -ung

Aufgabe 3: Endung **-heit** = Wortart *Adjektiv*

Endung **-keit** = Wortart *Adjektiv*

Endung **-ung** = Wortart *Verb*

Aufgabe 4:

Wörter mit den Endungen **-heit**, **-keit**, **-ung** werden immer mit **großen** Anfangsbuchstaben geschrieben. Substantive mit den Endungen **-heit** und **-keit** werden aus Adjektiven gebildet. Substantive mit der Endung **-ung** werden aus Verben gebildet.

Seite 37

1.				E	M	S	I	G	K	E	I	T	
2.	F	R	U	C	H	T	B	A	R	K	E	I	T
3.				E	R	M	U	T	I	G	U	N	G
4.	S	C	H	W	I	E	R	I	G	K	E	I	T
5.				G	E	R	I	S	S	E	N	H	E	I	T
6.				B	E	L	E	I	D	I	G	U	N	G
7.			V	E	R	A	N	T	W	O	R	T	U	N	G
8.	S	E	L	T	E	N	H	E	I	T			
9.				D	U	M	M	H	E	I	T		

Arbeitsblätter Grammatik für die Sek. I

© Verlag an der Ruhr, Postfach 10 22 51, 45422 Mülheim an der Ruhr, www.verlagruhr.de

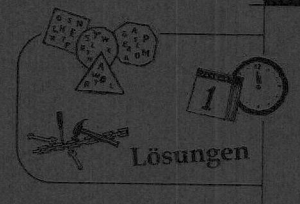
- Das Lösungswort lautet: **Sauerland**
- Die Endungen **-heit**, **-keit** und **-ung** findet man heraus.
- Die Endung **-ung** wird an **Verben** angehängt, die Endungen **-heit** und **-keit** werden an **Adjektive** angehängt.

Seite 38

Ergänze:

- ... weil sie wirklich da sind und man sie mit den Sinnen erfassen kann (*konkret bedeutet: gegenständlich, anschaubar, greifbar*).
- ... weil sie nicht wirklich vorhanden sind, sondern nur denkbar oder vorstellbar sind (*abstrakt bedeutet: begrifflich, nur gedacht*).
- ... weil sie aus anderen Substantiven zusammengesetzt sind (*Kompositum bedeutet (Wort-)Zusammensetzung*).

Finde jeweils drei Komposita (*Beispiele*):

- Apfel–kuchen / Brot–korb / Tür–klinke
- Friedens–sehnsucht / Vorstellungs–vermögen / Einbildungs–kraft
- Angst–schweiß / Liebes–brief / Hoffnungs–schimmer

Komposita aus mehr als zwei Substantiven (*Beispiele*):

- Schul–bus–tür / Staub–sauger–verkäufer / Schlaf–anzug–hose

Ergänze:

Ein Substantiv wird immer **groß** geschrieben.
Ein Substantiv kann man daran erkennen, dass man **einen bestimmten oder unbestimmten Artikel** davor setzen kann.
Substantive heißen auch Namenwörter oder Dingwörter, weil **sie die belebte und unbelebte Umwelt näher bezeichnen**.

Seite 39

Aufgabe 3:

Schreck in der Dunkelheit

Schreck – Substantiv, **Dunkelheit** – Substantiv (mit Endung -heit, aus Adjektiv gebildet), **Oliver** (Name) – Substantiv, **Knabe** – Substantiv, **zu Hause** – Substantiv mit Präposition (feste Wendung), **Eltern** – Substantiv, **zum Feiern** – substantiviertes Verb, **Bekannten** – Substantiv, **das Gute** – substantiviertes Adjektiv, **Ende** – Substantiv, **das Gucken** – substantiviertes Verb, **Müdigkeit** – Substantiv (mit Endung -keit, aus Adjektiv gebildet), **das Rot** – substantiviertes Adjektiv, **Augen** – Substantiv, **das Schlafen** – substantiviertes Verb, **Ärgernis** – Substantiv (mit Endung -nis), **Aufregung** – Substantiv (mit Endung -ung, aus Verb gebildet), **Zeit** – Substantiv, **Bett** – Substantiv, **das Schäfchenzählen** – substantiviertes Verb, **Schnarchen** – substantiviertes Verb, **Wohnung** – Substantiv (mit Endung -ung, aus Verb gebildet), **das Träumen** – substantiviertes Verb, **Geschichten** – Substantiv, **Übung** – Substantiv (mit Endung -ung, aus Verb gebildet), **Filme** – Substantiv, **Abend** – Substantiv, **Spiel** – Substantiv, **Bewegungen**

– Substantiv (mit Endung -ung, aus Verb gebildet), **das Schießen/Rasen** – substantivierte Verben, **Krimis** – Substantiv, **Bett** – Substantiv, **Einbrecher/Diebe/Mörder** – Substantive, **das Schwarze** – substantiviertes Adjektiv, **Tür** (wiederholt) – Substantiv, **das Zittern** – substantiviertes Verb, **Händen** – Substantiv, **Lichtschalter** – Substantiv, **Jogginganzug** – Substantiv, **das Wegräumen** – substantiviertes Verb

Seite 40

- ... schreibt man **groß**.
- Konkreta: Das sind **Nomen, z.B. Gegenstände und Lebewesen, die man mit seinen Sinnen wahrnehmen kann**. Beispiele dafür: **Jeans, Pferd**.
- Abstrakta: Das sind **Nomen, die man sich nur vorstellen kann**. Beispiele dafür: **Gedanken, Lüge**.
- ... erkennt man am Begleiter (Artikel, Pronomen), den sie bei sich haben können. Beispiele dafür: **der Hof, beim (bei dem) Spielen, mein Ball**.
- Wörter, die auf ... enden, sind **Substantive**. Beispiele dafür: **Klugheit, Sauberkeit, Ereignis, Bürgschaft, Beamtentum, Endung**.
- Verben können ... Man schreibt sie dann mit **großen** Anfangsbuchstaben. Signalwörter ... sind **Artikel** und andere Begleiter. Beispiele dafür: **das Suchen, vom (von dem) Rennen**.
- Auch ohne Signalwort ... Man kann die Probe machen, indem man **einen Begleiter davor stellt**.
- Adjektive können **als Substantive** gebraucht werden. Man schreibt sie dann **groß**. Beispiele dafür: **das Schöne, im (in dem) Guten**.
- Auch ohne Signalwort ... Man kann die Probe machen, indem man **einen Begleiter davor stellt**.

Seite 43

Aufgabe 1:

Maskulinum: der (Gruppen-)Leiter, der (Morgen-)Tau, der Bauer, der Kunde (im Geschäft), der (Alkohol-)Gehalt, der (Blei-)Stift, der Heide (Ungläubiger), der Harz (Landschaft), der (Wohnungs-)Flur, der (Wald-)See, der Weise (Mensch), der Verdienst (Lohn)

Femininum: die (Steh-)Leiter, die Kunde (Nachricht), die (Lohn-)Steuer, die Heide (Landschaft), die Flur (Landschaft), die (Tief-)See, die Weise (Lied)

Neutrum: das (Schiffs-)Tau, das (Vogel-)Bauer (seltener: der Vogelbauer), das Steuer(-rad); das Gehalt (Lohn), das (Kloster-)Stift, das (Baum-)Harz, das Verdienst (besondere Leistung)

Lösungen *für die Seiten 43–49*

Aufgabe 2:

- ... **ein** Spatz (Maskulinum)
- ... **eine** Taube (Femininum)
- ... **eine** Grube (Femininum)
- ... **ein** Häkchen (Neutrum)
- ... weil **er verallgemeinert**.

Seite 44

> **fett** = zu ergänzende bestimmte
> und unbestimmte Artikel
> <u>unterstrichen</u> = zugehörige Substantive

Die Eiszeit

Dass es einmal vor langer Zeit auf unserem Planeten sehr kalt gewesen ist, weiß jedes Grundschulkind. Wir sprechen heute von dieser Zeit als „Eiszeit", obwohl es so eindeutig damit gar nicht war.
Die <u>Eiszeit</u> war nämlich keineswegs **ein** zusammenhängender <u>Zeitraum</u> großer Kälte. Es hat mehrere solcher Eisschübe gegeben. Dazwischen aber gab es ebenso ausgedehnte „Zwischeneiszeiten", die in Wahrheit regelrechte Warmzeiten waren. Um ganz genau zu sein, es war zum Teil so warm in unseren Breiten, dass es bei uns wie in Afrika aussah und im Rhein die Nilpferde plantschten. Unglaublich, nicht wahr? Es ist erwiesen, dass es in **der** langen <u>Geschichte</u> unserer Erde lange vor der Existenz des Menschen schon Eiszeiten gab. Vielleicht sind deswegen **die** <u>Dinosaurier</u> ausgestorben. Wir sprechen also bei „unserer Eiszeit" nur von **dem** <u>Zeitraum</u>, den wir überschauen und gut nachweisen können. Andererseits kann aber auch kein Forscher sagen, ob wir heute nicht immer noch in **einer** <u>Eiszeit</u> bzw. in **einer** <u>Zwischeneiszeit</u> sind. Immerhin gibt es in **den** nördlichen <u>Breiten</u> **einen** niemals auftauenden <u>Dauerfrostboden</u>. Zudem hat das Eingreifen des Menschen in die Umwelt **den** natürlichen <u>Ablauf</u> sicher sehr durcheinander gebracht. Es gab insgesamt viermal **einen** <u>Wechsel</u> von kalt nach warm. **Die** jeweiligen <u>Eisvorstöße</u> hat man nach Flüssen benannt, die **das** <u>Eis</u> nachweislich erreichte. Dabei unterscheidet man zwischen **der** süddeutschen und **der** norddeutschen <u>Vereisung</u>.
Vor 1 Million Jahren, so glaubte man bisher, hat **die** erste <u>Vereisung</u> mit ihren merklichen klimatischen Veränderungen eingesetzt. Mittlerweile aber sind sich **die** <u>Forscher</u> einig: Es hat **eine** <u>Vorlaufzeit</u> von 2 Millionen Jahren gegeben. Auch **die** <u>Übergänge</u> zwischen Kalt- und Warmzeiten sollen schneller als bisher angenommen stattgefunden haben. Dies jedenfalls haben Bohrproben **des** Jahrmillionen alten <u>Festlandeises</u> auf Grönland ergeben. Die Periode **der** letzten <u>Vereisung</u> endete vor 10 000 Jahren.
Es war nicht so, dass es während **einer** <u>Eiszeit</u> gnadenlos kalt war. Vielmehr waren **die** <u>Sommer</u> kurz bei geringer Sonneneinwirkung. **Die** <u>Landschaft</u> war karg, ohne Wälder, eine Tundra, wie man sie heute auf Spitzbergen und in den nördlichen Gebieten Eurasiens findet. **Der** <u>Schnee</u> **des** vorhergehenden <u>Winters</u> taute jeweils nicht richtig ab und blieb liegen. Starke Schneefälle in Skandinavien und in

den <u>Alpen</u> und **das** <u>Fehlen</u> der Schneeschmelze ließen **die** <u>Schneemassen</u> enorm wachsen, die unter ihrem eigenen Druck zunehmend vereisten und vergletscherten. Je dicker **das** <u>Eis</u> wurde, umso beweglicher wurde es merkwürdigerweise. **Der** <u>Druck</u>, den **die** 3 000 Meter dicke <u>Eisdecke</u> über Skandinavien erzeugte, war so groß, dass **die** <u>Gletscher</u> sich in Bewegung setzten, immer weiter in **die** <u>Täler</u> vordrangen und schließlich als Inlandeis **die** <u>Ebenen</u> Norddeutschlands bedeckten. Insgesamt lag **die** <u>Jahresdurchschnittstemperatur</u> in **den** <u>Vereisungsperioden</u> 8–10 Grad Celsius unter **der** heutigen.

Seite 46

Aufgabe 2:

König – Holz – verändern – Sommer – Freude – überprüfen

Aufgabe 4:

Gestern habe ich mir mit meinem Freund Michael einen <u>tollen</u> Drachen gebaut. Dazu haben wir uns <u>dünne</u> Leisten, <u>wasserfesten</u> Leim, <u>starkes</u> Ölpapier und eine Rolle <u>widerstandsfähiger</u> Drachenschnur besorgt. Die Leisten haben wir <u>genau</u> abgesägt, über Kreuz gelegt und mit Leim und Bindfaden <u>sorgfältig</u> zusammengefügt. Dann haben wir die Ecken des Leistenkreuzes mit der <u>festen</u> Schnur verspannt, sodass das Ganze schon recht <u>haltbar</u> aussah.
Schließlich haben wir ein <u>passendes</u> Stück Ölpapier abgeschnitten, die Kanten um die Schnur gezogen und verleimt. Danach mussten nur noch ein Stück Seil und eine <u>gefaltete</u> Papierfliege als Schwanz angebracht werden. Und natürlich die <u>endlos lange</u> Drachenschnur. Nun warten wir nur noch auf <u>reichlich</u> Wind für unseren ersten *(Numerale)* Drachenstart.

Seite 49

Aufgabe 1:

Positiv	Komparativ	Superlativ
gut	besser	am besten
schön	schöner	am schönsten
lang	länger	am längsten
breit	breiter	am breitesten
richtig	*lässt sich nicht steigern!*	
	Etwas ist entweder richtig oder	
	nicht richtig, es kann nicht „richtiger" sein.	
	Es gibt allerdings die Redensart:	
	„es wäre das Richtigste" bzw.	
	„es wäre am richtigsten, wenn ...".	

Aufgabe 2: *(Beispiel)*

Positiv: Unsere Nachbarin redet **viel**.
Komparativ: Unsere Oma redet **mehr**.
Superlativ: Aber unser Lehrer redet **am meisten**.

Arbeitsblätter Grammatik für die Sek. 1
© Verlag an der Ruhr, Postfach 10 22 51, 45422 Mülheim an der Ruhr, www.verlagruhr.de

Seite 52

Aufgabe 1:

```
A E U E R B C H J K L M N S O P U Q R S T
B C D E F H G F E D C B A O Z Y N X W V U
F G H I J K L A B J C E D L F G H I J K
J E M A N D A B M E I N A C B C D E F G
H I J K L M N O P D Q R S H T U R V W X Y
A B C D E F A G H E I K L E M N O P W E R
I H R Q R S T U V R W X Y Z A B C D E F G
H I J K D L M N O P Q D E I N L M N O P Q
R S T U I V W X Y Z A B C F G H K L M N A
C D E F E G H I A B C E T W A S B C D E F
H I J K S L M U N S N O P Q R S T A B C D
F G H W E M I J K L M N A B C D D I E F G
I J K L R M N O P Q R S D T U V W A B C X
C D E F G A B C H I J K L A B C D E F G D
K L I R G E N D W E R M E N O P M Q R S T
U D V W Y X Z A S I E B S C D E M A F G H I
J A K L M N O P Q R S Z E I N A N D E R Z
X S Y Z A I H R E B C D E F G H I J K L M
B C D E F G H I J M N O P B C I C H D E L
F G W H I J S K L M D Q R S T U V W X Y Z
A B C D E I F U V W X Y Z A B C D E F G H
P Q R S T U C V W X R Y Z A B C D E F G H
I J K L M N H O P Q R S T U V W X Y Z A B
F G H A B C D E L M N O W E L C H E S C D
Q R S T U A B C F A B E F H J K A B C D
E H I J W E S S E N I K L M A B C D E WAS
```

Artenliste:

(Doppelnennungen stehen in Klammern)

Personalpronomen:	sie, wir, (ihr)
Possessivpronomen:	euer, mein, unser, dein, ihr, ihre
Demonstrativpronomen:	dieser, diese, die, das, der, solche
Interrogativpronomen:	wer, wem, welches, wessen, was
Reflexivpronomen:	uns, sich, mir
reziproke Pronomen:	einander, (uns)
Indefinitpronomen:	jemand, etwas, irgendwer, man, jeder
Relativpronomen:	(der), (die), (das), (welches)

Seite 54

Eines Morgens wachte ich auf und fühlte mich **besonders** müde. Noch **nie** war es mir passiert, dass ich **so** spät dran war. **Glücklicherweise**. Vor zwanzig Jahren, **da** hatte ich mal verschlafen. Aber **jetzt** war mir, als würde ich **noch** im Tiefschlaf liegen. Egal, ich musste zur Arbeit. Mein Auto fuhr **ganz** langsam. Die Schneckenpost war **sogar** schneller. Ich vergaß leider **rechts** an der Ampel abzubiegen und musste einen Umweg fahren. Das kommt nicht **oft** vor, höchstens wenn mal Stau ist. Aus dem Gegenverkehr winkte mir **unbekannterweise** eine freundliche Fahrerin zu. Nett! Das hat man **gern**. Dann ging es aber voll **daneben**. **Zweimal** ging die rote Kelle hoch, bevor ich es begriff. Ich war in eine Geschwindigkeitskontrolle förmlich hineingerast. Mir brach **sofort** der Schweiß aus. Schweißgebadet wachte ich auf. Der Wecker hatte geklingelt.

Seite 55

Aufgabe 1:

Positiv	Komparativ	Superlativ
gern	lieber	am liebsten
oft	öfter/häufiger	am häufigsten
		(selten: am öftesten)
viel	mehr	am meisten
spannend	spannender	am spannendsten
schnell	schneller	am schnellsten

Seite 57

Aufgabe 1:

Verkehrte Welt

Eines Morgens wachte Marion auf und verstand die Welt nicht mehr. Sie lag <u>über</u> ihrem Bett in ihrer kleinen Kammer <u>unten auf</u> dem Dach. Und <u>gegenüber</u> ihrer Bettdecke lag wie immer ihr Kuscheltier. Der Wecker stand auch wie immer <u>hinter</u> dem Wandregal, aber er hatte überhaupt nicht geklingelt. <u>Drinnen</u> war offenbar die Sonne noch nicht aufgegangen, denn <u>aus</u> dem Fenster schien der Mond. Trotzdem hörte sie <u>oberhalb jenseits</u> der Küche Geräusche. Vorsichtig stieg sie in das Bett und schlich an der Wand <u>entgegen zwischen</u> dem Flur. <u>Dank</u> sehr viel Herzklopfens kam Marion <u>an</u> die Treppe, die steil <u>hindurch</u> führte. Stufe um Stufe tastete sie sich die Treppe <u>durch</u>. Die Küchentür stand ein wenig <u>zu</u>. Ein heller Lichtstreifen drang <u>in</u> die helle Küche <u>aus</u> dem dunklen Flur. Marion spähte <u>aus</u> dem Türspalt. Sie sah einen großen Schatten <u>unter</u> der klappernden Spülmaschine. Immer lauter wurde das Geräusch. Sie konnte es kaum noch <u>über</u> ihren Ohren ertragen. Schon kam der Schatten drohend näher. „Kind, was machst denn du hier <u>mitten in</u> der Nacht?", fragte ihre Mutter. Verwirrt blickte Marion <u>um</u> sich. Schlafwandeln war ihr neu.

Aufgabe 2:

Eines Morgens wachte Marion auf und verstand die Welt nicht mehr. Sie lag **in** ihrem Bett **in** ihrer kleinen Kammer **oben unter** dem Dach. Und **auf** ihrer Bettdecke lag wie immer ihr Kuscheltier. Der Wecker stand auch wie immer **auf** dem Wandregal, aber er hatte überhaupt nicht geklingelt. **Draußen** war offenbar die Sonne noch nicht aufgegangen, denn **durch** das Fenster schien der Mond. Trotzdem hörte sie **unten in** der Küche Geräusche. Vorsichtig stieg sie **aus** dem Bett und schlich **an** der Wand **entlang durch** den Flur. **Mit** sehr viel Herzklopfen kam Marion **auf** die Treppe, die steil **hinunter**führte. Stufe um Stufe tastete sie sich die Treppe **hinab**. Die Küchentür stand ein wenig **auf**. Ein heller Lichtstreifen drang **aus** der hellen Küche **in** den dunklen Flur. Marion spähte **durch** den Türspalt. Sie sah einen großen Schatten **vor** der klappernden Spülmaschine. Immer lauter wurde das Geräusch. Sie konnte es kaum noch **in** ihren Ohren ertragen. Schon kam der Schatten drohend näher. „Kind, was machst denn du hier mitten in der Nacht?", fragte ihre Mutter. Verwirrt blickte Marion **um** sich. Schlafwandeln war ihr neu.

Seite 60

hu – heda – huch – hallo – brrr – iii – bah –
o weh, o weh – juhu – mannomann

Seite 61

1. Wortart: **Artikel** *(der, die, das, ein)*
2. Wortart: **Substantiv** *(Sprungbrett, Kind, Hund, Sonne)*
3. Wortart: **Verb** *(läuft, ist, weint, scheint)*
4. Wortart: **Adjektiv** *(schnell, laut, hoch, hell)*

Folgende Sätze
kann man bilden:
- Der Hund läuft schnell.
- Die Sonne scheint hell.
- Das Sprungbrett ist hoch.
- Ein Kind weint laut.

Aus diesen Wörtern
wurden **Substantive**:
- schreiben – das Schreiben
- lesen – das Lesen
- geheim – das Geheimnis
- gemein – die Gemeinheit
- essen – das Essen
- wissen – das Wissen

Grundformen:
- ging – gehen
- hatte gelobt – loben
- ist gerufen worden – rufen
- schlief – schlafen
- träumt – träumen
- wird malen – malen

Die Grundform ist der **Infinitiv**.

Seite 62

Aufgabe 1:

Wörter, die Dingen und Personen den Namen geben,
heißen **Substantive**. Meist haben diese Wörter einen
Begleiter, den **Artikel**. Dieses Wort zeigt, ob man
etwas Bestimmtes meint: **das** Buch und kein anderes!
Diese Wortart kann aber auch zeigen, dass man etwas
Allgemeines meint: Ich möchte gern **ein** Buch ausleihen.
Wörter, die uns über das Geschehen Auskunft geben,
heißen **Verben**. Wörter, die die Eigenschaften von Personen,
Dingen oder Begriffen angeben, bezeichnen wir als **Adjektive**.

Aufgabe 2 und 3:

Die:	**bestimmter Artikel** *(der, das)*
Feuerwehr:	**Substantiv** *(Löschzug, Feuerwehrmann)*
sprengte:	**Verb** *(löschen, räumen)*
einen:	**unbestimmter Artikel** *(ein, eine)*
alten:	**Adjektiv** *(jung, neu)*
Turm:	**Substantiv** *(Haus, Hütte)*
Infinitiv von sprengte:	**sprengen**

Aufgabe 4:

gehen – kaufen – rufen – bitten – laufen – schließen –
loben – springen

Aufgabe 5:

Die Tierbändiger sind <u>mutig</u>. Die Löwen sind <u>wild</u>.
Die Artisten sind <u>unübertrefflich</u>. Die Trapezkünstler
sind <u>tollkühn</u>. Die Clowns sind <u>weltberühmt</u>.

Seite 64

Gerupfte Blumen

ging (Verb) – **wunderschönen** (Adjektiv) – **anzuschauen**
(Verb) – **war ... gewesen** (Hilfsverben) – **durchfuhr** (Verb) –
erbost (Adjektiv) – **zerrte** (Verb) – **verdutzten** (Adjektiv) –
zeigte (Verb) – **ließ** (Verb) – **bedauernswerte** (Adjektiv) –
wütend (Adjektiv) – **konnte** (Modalverb) – **dummer** (Adjektiv)
– **stampfte** (Verb) – **aufriss** (Verb) – **einen Strauß** (unbestimmter Artikel, Substantiv) – **blaue** (Adjektiv) – **zu stellen**
(Partikel, Verb) – **arme** (Adjektiv) – **großen** (Adjektiv) –
geholt hatte (Verb, Hilfsverb) – **fand** (Verb) – **beleidigt**
(Adjektiv) – **gnädig** (Adjektiv) – **anbot** (Verb)

Seite 65

1.	Ball – Substantiv	11.	Imker – Substantiv
2.	blühen – Verb	12.	klug – Adjektiv
3.	Bogen – Substantiv	13.	Korken – Substantiv
4.	Brei – Substantiv	14.	Lazarett – Substantiv
5.	bunt – Adjektiv	15.	leer – Adjektiv
6.	dahinten – Adverb	16.	Sebastian – Substantiv
7.	Drache – Substantiv	17.	See – Substantiv
8.	erbarmen – Verb	18.	seicht – Adjektiv
9.	Esel – Substantiv	19.	Sonne – Substantiv
10.	fangen – Verb	20.	stehen – Verb

Seite 66

1. Aschermittwoch – Tag – Arbeit
2. schön – fröhlich – guter
3. tanzen – singen – schunkeln – werden – übertragen –
   werden – sorgen – haben – sein – werden – verzichten
4. der – die – das
5. ein – eine
6. Das Wort am Satzanfang wird großgeschrieben.
   Substantive werden großgeschrieben.
   Substantivierte Verben und substantivierte Adjektive
   werden großgeschrieben.

Seite 67

2. **Verben** werden konjugiert.
3. **Konjugation** ist die Beugung von Verben entsprechend der Person, Zahlform, Zeit, Handlungsform und Aussageweise.
4. Ich arbeite, du arbeitest, er/sie/es arbeitet …
   Ich habe gearbeitet, du hast gearbeitet,
   er/sie/es hat gearbeitet …
5. **Deklination** *(das Kind – des Kindes – dem Kind – das Kind)*
6. Heute scheint die Sonne. *(Präsens)*
   Gestern hat die Sonne auch geschienen. *(Perfekt)*
   Morgen wird die Sonne vielleicht nicht scheinen. *(Futur I)*
7. **das Schwimmen** – es handelt sich
   um ein substantiviertes Verb

Seite 68

8. Lesen macht Freude. Wenn man sich in ein spannendes Buch vertieft, vergisst man das Alltägliche und die Welt wird weit. Man reist in Gedanken in ferne Länder und das Fremde erscheint vertraut. Man lernt neue Menschen und neue Länder kennen. Das Neue hat viele Gesichter. Ein gutes Buch kann so fesselnd sein, dass man gar nicht hört, wenn man beim Namen gerufen wird.
9. Das Hemd des Bauarbeiters war schmutzig.
   Die Tierpflegerin gab dem Elefanten einen Ballen Heu.
   Es war seine Aufgabe, den Täter zu fassen.

Seite 73

Beispiele:

1. Das Präsens gibt an, was im Augenblick geschieht:
   Ich singe ein Lied. *(jetzt)*
   Ich esse gerade einen Keks.
2. Das Präsens gibt an, was in der Vergangenheit geschah: Da stehe ich neulich vor dem Küchenfenster und plötzlich landet ein Spatz auf der Fensterbank. Gestern gehe ich durch die Stadt und sehe doch tatsächlich, wie ein Mann auf einer Bananenschale ausrutscht.
3. Das Präsens bezeichnet etwas Zukünftiges:
   Morgen räume ich mein Zimmer ganz bestimmt auf.
   In zwei Stunden gehe ich zum Zahnarzt.
4. Das Präsens drückt aus, dass etwas dauernd wiederholt wird:
   Immer kommst du zu spät zur Schule!
   Meine Uhr bleibt dauernd stehen.

Seite 74

Präsens – Indikativ/Konjunktiv

Indikativ: sein

ich	bin	wir	sind
du	bist	ihr	seid
er/sie/es	ist	sie	sind

Konjunktiv: sein

ich	sei	wir	seien
du	seist	ihr	seiet
er/sie/es	sei	sie	seien

Indikativ: singen

ich	singe	wir	singen
du	singst	ihr	singt
er/sie/es	singt	sie	singen

Konjunktiv: singen

ich	sänge	wir	sängen
du	sängest	ihr	sänget
er/sie/es	sänge	sie	sängen

Indikativ (Passiv): getragen werden

ich	werde getragen	wir	werden getragen
du	wirst getragen	ihr	werdet getragen
er/sie/es	wird getragen	sie	werden getragen

Konjunktiv (Passiv): getragen werden

ich	werde getragen	wir	werden getragen
du	werdest getragen	ihr	werdet getragen
er/sie/es	werde getragen	sie	werden getragen

Seite 76

Aufgabe 1:

gleiten: ich glitt – du glittst – er/sie/es glitt – wir glitten – ihr glittet – sie glitten – geglitten (Partizip)

schreiben: ich schrieb – du schriebst – er/sie/es schrieb – wir schrieben – ihr schriebt – sie schrieben – geschrieben

scheinen: ich schien – du schienst – er/sie/es schien – wir schienen – ihr schient – sie schienen – geschienen

streiten: ich stritt – du strittst – er/sie/es stritt – wir stritten – ihr strittet – sie stritten – gestritten

spinnen: ich spann – du spannst – er/sie/es spann – wir spannen – ihr spannt – sie spannen – gesponnen

sinken: ich sank – du sankst – er/sie/es sank – wir sanken – ihr sankt – sie sanken – gesunken

nehmen: ich nahm – du nahmst – er/sie /es nahm – wir nahmen – ihr nahmt – sie nahmen – genommen

geben: ich gab – du gabst – er/sie/es gab – wir gaben – ihr gabt – sie gaben – gegeben

schmelzen: ich schmolz – du schmolzest – er/sie/es schmolz – wir schmolzen – ihr schmolzt – sie schmolzen – geschmolzen

backen: ich backte *(älter: buk)* – du backtest *(bukst)* –
er/sie/es backte *(buk)* – wir backten – ihr backtet –
sie backten – gebacken

schlagen: ich schlug – du schlugst – er/sie/es schlug –
wir schlugen – ihr schlugt – sie schlugen – geschlagen

braten: ich briet – du brietst – er/sie/es briet – wir brieten –
ihr brietet – sie brieten – gebraten

halten: ich hielt – du hieltst – er/sie/es hielt – wir hielten –
ihr hieltet – sie hielten – gehalten

schneiden: ich schnitt – du schnittst – er/sie/es schnitt –
wir schnitten – ihr schnittet – sie schnitten – geschnitten

lesen: ich las – du lasest – er/sie/es las – wir lasen –
ihr laset – sie lasen – gelesen

weichen: ich wich – du wichst – er/sie/es wich – wir wichen
– ihr wicht – sie wichen – gewichen

fließen: ich floss – du flossest – er/sie/es floss – wir flossen
– ihr flosst – sie flossen – geflossen

gewinnen: ich gewann – du gewannst – er/sie/es gewann –
wir gewannen – ihr gewannt – sie gewannen – gewonnen

sehen: ich sah – du sahst – er/sie/es sah – wir sahen –
ihr saht – sie sahen – gesehen

essen: ich aß – du aßest – er/sie/es aß – wir aßen –
ihr aßt – sie aßen – gegessen

trinken: ich trank – du trankst – er/sie/es trank – wir tranken
– ihr trankt – sie tranken – getrunken

werben: ich warb – du warbst – er/sie/es warb – wir warben
– ihr warbt – sie warben – geworben

fallen: ich fiel – du fielst – er/sie/es fiel – wir fielen –
ihr fielt – sie fielen – gefallen

laden: ich lud – du ludst – er/sie/es lud – wir luden –
ihr ludet – sie luden – geladen

raten: ich riet – du rietst – er/sie/es riet – wir rieten –
ihr rietet – sie rieten – geraten

Seite 77

Präteritum – Indikativ/Konjunktiv

Indikativ: sein

ich	war	wir	waren
du	warst	ihr	wart
er/sie/es	war	sie	waren

Konjunktiv: sein

ich	wäre	wir	wären
du	wärst	ihr	wärt
er/sie/es	wäre	sie	wären

Indikativ: tragen

ich	trug	wir	trugen
du	trugst	ihr	trugt
er/sie/es	trug	sie	trugen

Konjunktiv: tragen

ich	trüge	wir	trügen
du	trügest	ihr	trüget
er/sie/es	trüge	sie	trügen

Indikativ (Passiv) – gelobt werden

ich	wurde gelobt	wir	wurden gelobt
du	wurdest gelobt	ihr	wurdet gelobt
er/sie/es	wurde gelobt	sie	wurden gelobt

Konjunktiv (Passiv) – gelobt werden

ich	würde gelobt	wir	würden gelobt
du	würdest gelobt	ihr	würdet gelobt
er/sie/es	würde gelobt	sie	würden gelobt

Seite 79

Aufgabe 1:

laufen	– gelaufen	pflegen	– gepflegt
ärgern	– geärgert	kommen	– gekommen
fischen	– gefischt	prüfen	– geprüft
nennen	– genannt	loben	– gelobt
helfen	– geholfen	retten	– gerettet
fehlen	– gefehlt		

Seite 80

Perfekt – Indikativ/Konjunktiv

Indikativ: sein

ich	bin gewesen	wir	sind gewesen
du	bist gewesen	ihr	seid gewesen
er/sie/es	ist gewesen	sie	sind gewesen

Konjunktiv: sein

ich	sei gewesen	wir	seien gewesen
du	seist gewesen	ihr	seiet gewesen
er/sie/es	sei gewesen	sie	seien gewesen

Indikativ: sagen

ich	habe gesagt	wir	haben gesagt
du	hast gesagt	ihr	habt gesagt
er/sie/es	hat gesagt	sie	haben gesagt

Konjunktiv: sagen

ich	habe gesagt	wir	haben gesagt
du	habest gesagt	ihr	habet gesagt
er/sie/es	habe gesagt	sie	haben gesagt

Indikativ (Passiv): getragen worden sein

ich	bin getragen worden	wir	sind getragen worden
du	bist getragen worden	ihr	seid getragen worden
er/sie/es	ist getragen worden	sie	sind getragen worden

Konjunktiv (Passiv): getragen worden sein

ich	sei getragen worden	wir	seien getragen worden
du	seist getragen worden	ihr	seiet getragen worden
er/sie/es	sei getragen worden	sie	seien getragen worden

Seite 82

Aufgabe 2:

ich habe gesungen – ich hatte gesungen
sie ist gelaufen – sie war gelaufen
er hat spielen dürfen – er hatte spielen dürfen
du hast gelesen – du hattest gelesen
ihr seid gewandert – ihr wart gewandert
es ist passiert – es war passiert
sie haben gekämpft – sie hatten gekämpft
sie hat getrunken – sie hatte getrunken
er hat erlaubt – er hatte erlaubt
wir haben gewählt – wir hatten gewählt

Was ändert sich?
Das Hilfsverb, das im Perfekt die Präsensform hat,
ändert sich im Plusquamperfekt in die Präteritumsform.

Seite 83

Plusquamperfekt – Indikativ/Konjunktiv

Indikativ: sein

ich	war gewesen	wir	waren gewesen
du	warst gewesen	ihr	wart gewesen
er/sie/es	war gewesen	sie	waren gewesen

Konjunktiv: sein

ich	wäre gewesen	wir	wären gewesen
du	wärst gewesen	ihr	wärt gewesen
er/sie/es	wäre gewesen	sie	wären gewesen

Indikativ: wetten

ich	hatte gewettet	wir	hatten gewettet
du	hattest gewettet	ihr	hattet gewettet
er/sie/es	hatte gewettet	sie	hatten gewettet

Konjunktiv: wetten

ich	hätte gewettet	wir	hätten gewettet
du	hättest gewettet	ihr	hättet gewettet
er/sie/es	hätte gewettet	sie	hätten gewettet

Indikativ: gerufen worden sein

ich	war gerufen worden	wir	waren gerufen worden
du	warst gerufen worden	ihr	wart gerufen worden
er/sie/es	war gerufen worden	sie	waren gerufen worden

Konjunktiv: gerufen worden sein

ich	wäre gerufen worden	wir	wären gerufen worden
du	wärst gerufen worden	ihr	wärt gerufen worden
er/sie/es	wäre gerufen worden	sie	wären gerufen worden

Seite 85

Aufgabe 1:

Über 10 Milliarden Menschen <u>werden</u> in 25 Jahren schätzungsweise auf der Erde <u>leben</u>. Das geht aus neuen Studien der UN hervor. Damit <u>wird</u> sich die Weltbevölkerung fast <u>verdoppeln</u>. Asien <u>wird</u> seinen Anteil knapp <u>halten</u>. Den stärksten Zuwachs <u>werden</u> Afrika und Lateinamerika <u>aufweisen</u>. Dagegen <u>wird</u> Europa nur wenig mehr Einwohner als jetzt <u>haben</u>, da die Zahlen in den Industrienationen rückläufig sind. Forscher sagen voraus, dass sogar eine verstärkte Einwanderung nötig <u>sein wird</u>, damit wir unseren Lebensstandard halten können.

Aufgabe 2:
Samstagnachmittag

Samstagnachmittag <u>werde</u> ich mit meinen Eltern zu meinen Großeltern <u>fahren</u>. Schon morgens <u>wird</u> es wie immer Streit darüber <u>geben</u>, ob ich eine ordentliche Hose anziehen muss oder ob ich in meiner schmuddeligen Lieblingshose fahren darf. Ich bin sicher, ich <u>werde</u> diesen Streit <u>gewinnen</u>.
Die Fahrt zu meinen Großeltern <u>wird</u> etwa eine Stunde mit dem Auto <u>dauern</u>. Wenn wir ankommen, <u>wird</u> meine Oma den gerade fertig gewordenen Butterkuchen aus dem Ofen <u>holen</u>. Sie <u>wird</u> sich <u>entschuldigen</u>, dass er nicht so gut geworden sei. Meine Eltern <u>werden sagen</u>, dass das Haus herrlich dufte und dass Omas Butterkuchen der beste sei. Beim Kaffeetrinken <u>wird</u> mein Opa dann den Witz <u>erzählen</u> von dem Engländer, dem Russen und dem Amerikaner, die auf einer einsamen Insel gestrandet sind. Vor lauter Aufregung <u>wird</u> er die Pointe <u>vergessen</u>, sodass mein Vater den Witz richtig zu Ende erzählen muss. Mein Opa <u>wird</u> sich <u>wundern</u>, dass mein Vater den Witz schon kennt. Dann <u>wird</u> meine Oma auf die Toilette <u>gehen</u>, weil sie eine schwache Blase hat, und ich <u>werde</u> meinen Opa <u>fragen</u>, ob er sein Gebiss rausnehmen und mir zeigen kann. (Das habe ich zum ersten Mal gemacht, als ich vier Jahre alt war, und seitdem ist es eine Familientradition.) Mein Opa <u>wird</u> sein Gebiss <u>rausnehmen</u> und es mir genau in dem Moment <u>zeigen</u>, in dem meine Oma wieder in den Raum kommt.
Meiner Oma <u>wird</u> das furchtbar peinlich <u>sein</u> und sie <u>wird</u> ganz entsetzt „Aber Albert!" <u>rufen</u>, so heißt mein Opa nämlich. Wenn ich dann mit meinen Eltern nach Hause <u>zurückfahren werde</u> und meine Großeltern uns von der Haustür aus fröhlich lächelnd <u>zuwinken werden</u>, dann <u>werde</u> ich <u>wissen</u>, dass meine Oma meinem Opa in dem Moment gerade böse zuzischt, dass er das mit dem Gebiss ja nicht wieder tun soll.

Seite 86

Futur I – Indikativ/Konjunktiv

Indikativ: sein

ich	werde sein	wir	werden sein
du	wirst sein	ihr	werdet sein
er/sie/es	wird sein	sie	werden sein

Konjunktiv: sein

ich	werde sein	wir	werden sein
du	werdest sein	ihr	werdet sein
er/sie/es	werde sein	sie	werden sein

Indikativ: tragen

ich	werde tragen	wir	werden tragen
du	wirst tragen	ihr	werdet tragen
er/sie/es	wird tragen	sie	werden tragen

Konjunktiv: tragen

ich	werde tragen	wir	werden tragen
du	werdest tragen	ihr	werdet tragen
er/sie/es	werde tragen	sie	werden tragen

Indikativ (Passiv): getragen werden

ich	werde getragen werden
du	wirst getragen werden
er/sie/es	wird getragen werden
wir	werden getragen werden
ihr	werdet getragen werden
sie	werden getragen werden

Konjunktiv (Passiv): getragen werden

ich	werde getragen werden
du	werdest getragen werden
er/sie/es	werde getragen werden
wir	werden getragen werden
ihr	werdet getragen werden
sie	werden getragen werden

Seite 89

Futur II – Indikativ/Konjunktiv

Indikativ: sein

ich	werde gewesen sein	wir	werden gewesen sein
du	wirst gewesen sein	ihr	werdet gewesen sein
er/sie/es	wird gewesen sein	sie	werden gewesen sein

Konjunktiv: sein

ich	werde gewesen sein	wir	werden gewesen sein
du	werdest gewesen sein	ihr	werdet gewesen sein
er/sie/es	werde gewesen sein	sie	werden gewesen sein

Indikativ: lügen

ich	werde gelogen haben	wir	werden gelogen haben
du	wirst gelogen haben	ihr	werdet gelogen haben
er/sie/es	wird gelogen haben	sie	werden gelogen haben

Konjunktiv: lügen

ich	werde gelogen haben	wir	werden gelogen haben
du	werdest gelogen haben	ihr	werdet gelogen haben
er/sie/es	werde gelogen haben	sie	werden gelogen haben

Indikativ: getragen werden

ich	werde getragen worden sein
du	wirst getragen worden sein
er/sie/es	wird getragen worden sein
wir	werden getragen worden sein
ihr	werdet getragen worden sein
sie	werden getragen worden sein

Konjunktiv: getragen werden

ich	werde getragen worden sein
du	werdest getragen worden sein
er/sie/es	werde getragen worden sein
wir	werden getragen worden sein
ihr	werdet getragen worden sein
sie	werden getragen worden sein

Seite 90

ich gehe	ich würde gehen	ich würde gegangen sein
du gehst	du würdest gehen	du würdest gegangen sein
er/sie/es geht	... würde gehen	... würde gegangen sein
wir gehen	wir würden gehen	wir würden gegangen sein
ihr geht	ihr würdet gehen	ihr würdet gegangen sein
sie gehen	sie würden gehen	sie würden gegangen sein

ich bade	ich würde baden	ich würde gebadet haben
du badest	du würdest baden	du würdest gebadet haben
er/sie/es badet	... würde baden	... würde gebadet haben
wir baden	wir würden baden	wir würden gebadet haben
ihr badet	ihr würdet baden	ihr würdet gebadet haben
sie baden	sie würden baden	sie würden gebadet haben

Seite 91

Eine merkwürdige Unterhaltung – Teil 1

- Was **tackelt** der Wöbel jetzt auf dem Knülm?
  tackelt: *3. Pers. Singular, Präsens*
- Er **kölkt** dort gerade die Sülpse, um den Treckl **zu febbsen**.
  kölkt: *3. Pers. Singular, Präsens*
  zu febbsen: *Infinitiv*
- Ach, in Zukunft **wird** noch jemand **gefröggelt werden**!
  wird gefröggelt werden: 3. Pers. Singular, Futur I, Passiv
              (es ginge auch: Ach, in Zukunft
              wird noch jemand **fröggeln**.
  wird fröggeln: 3. Pers. Singular, Futur I, Aktiv)
- Gestern, zum Beispiel, **hätten** dort beinahe die Kinkse
  geflappt.
  hätten geflappt: 3. Pers. Plural, Perfekt Konjunktiv

**Das Geschehen des Gesprächs spielt sich jetzt,
im Präsens, ab.**

Seite 92

Eine merkwürdige Unterhaltung – Teil 2

- Letzte Woche **glenkte** ich, während der Wöbel auf dem Knülm **tackelte**.

  glenkte: 1. Pers. Singular, Präteritum

  tackelte: 3. Pers. Singular, Präteritum

- Er **kölkte** dort die Sülpse, weil er den Treckl **febbsen wollte**.

  kölkte: 3. Pers. Singular, Präteritum

  febbsen wollte: 3. Pers. Singular, Präteritum

- Ich **prökelte**, denn am Tag zuvor **hätten** dort beinahe die Kinkse **geflappt**.

  prökelte: 1. Pers. Singular, Präteritum

  hätten geflappt: 3. Pers. Plural,

                Plusquamperfekt Konjunktiv

Aber glücklicherweise **schnickte** alles.

  schnickte: 3. Pers. Singular, Präteritum

Das Geschehen im Gespräch spielt sich jetzt, im Präsens, ab. Das Geschehen in der Erzählung spielte sich in der Vergangenheit, im Präteritum, ab.

Seite 93

Die Kamera **filmt** einen Vorgang. Der Zuschauer **sieht** diesen Vorgang in dem Augenblick, in dem er **geschieht**. Filmen und Anschauen geschieht **gleichzeitig**. Würde man das Ganze im Radio erleben, dann müsste man die Kamera ersetzen durch **einen Sprecher**. Zu Hause müssten statt der Augen **Ohren** eingesetzt werden. Der ursprünglich sichtbare Vorgang wird in gesprochene Sprache umgewandelt.

Die Kamera filmt, was gerade **vor sich geht**.
Der Zuschauer sieht, was gerade **geschieht**.
Der Sprecher berichtet, was gerade **passiert**.
Der Hörer hört, was gerade **berichtet wird**.

Seite 94

Die Kamera **filmte** einen Vorgang. Der Zuschauer **sah** diesen Vorgang erst **später**, nachdem **er bereits geschehen war**. Filmen und Anschauen geschieht nicht **gleichzeitig**. Würde man das Ganze im Radio erleben, dann würde der Sprecher von einem Vorgang berichten, **der bereits vorbei ist**. Zu Hause am Radio würde man hören, dass ein Vorgang **vor geraumer Zeit** stattgefunden hat.

Die Kamera filmt etwas, das **vor sich geht**.
Der Zuschauer sieht, was schon **geschah**.
Der Sprecher berichtet, was schon **passierte**.
Der Hörer hört, was bereits **berichtet wurde**.

Seite 95

Burgball

„Das Spielfeld **war** vorbereitet – zwei Kreise **waren** gezogen. In der Mitte des kleineren Kreises **stand** eine Pyramide aus Konservendosen: der Schatz, der von den Angreifern erobert werden **musste**. Der Klassenlehrer **war** Schiedsrichter, er **ließ** den Platz auslosen, auf dem die Mannschaften **spielten**: Angreifer oder Verteidiger ...“

Für deine Erzählung musst du das Tempus **Präteritum** wählen.

Seite 97

Wann erzählt Uwe von seinem Unfall?
Nachdem er im Krankenhaus aus seiner Bewusstlosigkeit aufgewacht ist, also nachdem der Unfall bereits passiert ist, erzählt Uwe dem Arzt davon. Er verwendet in seiner Erzählung das Perfekt (vollendete Gegenwart), da er über einen Vorgang spricht, der vorbei ist, sich aber noch bis in die Gegenwart auswirkt: Noch ist er ja im Krankenhaus.

Wann ist der Unfall geschehen?
Der Unfall geschah, bevor Uwe bewusstlos wurde, also bevor er davon erzählt.

Hilfsverben können sein: **haben, sein, werden**

Hilfsverben haben die Aufgabe, **Verben bei der Bildung bestimmter Zeitstufen und bei der Bildung des Passivs zu unterstützen.**

Das Partizip Perfekt wird (meistens) gebildet aus einer Form des Verbs und der Vorsilbe **ge-**.

An welcher Stelle im Satz steht das Hilfsverb? Das Hilfsverb steht in der Regel **vor dem Partizip Perfekt**. Beispiele: Herr Müller **ist** auf den Baum geklettert. Die Tante **hat** gelacht.

An welcher Stelle im Satz steht das Partizip Perfekt? – Das Partizip Perfekt steht in der Regel **am Ende des Satzes**. Beispiele: Herr Müller ist auf den Baum **geklettert**. Die Tante hat **gelacht**.

Seite 98

Voller Einsatz nach der Kur
Aufgabe 2:
(Hinweis: Die fett markierten Verbformen sind keine Personalformen, sondern Infinitive nach Hilfsverben.)

Anitas Mutter **war** drei Wochen zu einer Kur, die ihr vom Arzt verordnet worden war. Die Kinder hatten sich während dieser Zeit selbst versorgt. Als die drei Wochen vorüber waren, warteten die Kinder gespannt auf die Rückkehr der Mutter. Sie wussten noch nicht genau, an welchem Tag und zu welcher Uhrzeit sie ankommen würde.

Anita erzählt ihrer Freundin von der Ankunft der Mutter: „Ich war gerade in der Küche, da klingelte das Telefon. Du kannst dir **denken**, wie erstaunt ich war, als Mutter sich meldete und ihre Ankunft für den Nachmittag ankündigte. Ich trommelte gleich meine Geschwister zusammen, und wir beschlossen, die Wohnung auf Hochglanz zu **bringen**. Ich holte ein neues Tischtuch aus dem Schrank. Rolf rannte zum Bäcker. Peter und Knut räumten ihre Sachen weg und holten den Staubsauger. Gisela, noch etwas schwach auf dem verstauchten Knöchel, deckte den Tisch und setzte Wasser für den Kaffee auf. Knut machte den Vorschlag, dass wir uns alle verstecken sollten, wenn es klingelte.
Es klingelte! Die Tür öffnete sich wie von Geisterhand **bewegt**. Mutter war sehr **erstaunt**. Niemand da? Sie schaute sich um. Alles war in schönster Ordnung, aus der Küche schlug ihr eine Wolke Kaffeeduft entgegen. Sie ging in den Garten und wollte **nachsehen**, ob wir uns dort versteckt hatten. In diesem Augenblick fiel die Meute brüllend über sie her. Nur Gisela humpelte ein wenig hinterher ...“

Anitas Mutter erzählt später von ihrer Rückkehr: „Ich rief vorsorglich bei den Kindern an und kündigte meine Ankunft für den späten Nachmittag an. Ich machte mir Sorgen, wie es wohl zu Hause aussehen würde. Mit dem Taxi fuhr ich nach Hause und klingelte. Die Tür ging wie von selbst auf. Wie war ich aber **erstaunt**, als ich mich umsah. Wohnzimmer und Küche waren blitzblank, der Tisch war gedeckt ...

(Hinweis: Die fett markierten Verbformen sind keine Personalformen, sondern Infinitive, bzw. Partizipien.)

Aufgabe 3:

- Sie hatten die Wohnung auf Hochglanz gebracht.
- Sie hatten ein neues Tischtuch aus dem Schrank geholt.
- Rolf war zum Bäcker gerannt.
- Peter und Kurt hatten ihre Sachen weggeräumt und den Staubsauger geholt.
- Gisela hatte den Tisch gedeckt und Wasser für den Kaffee aufgesetzt.
- Knut hatte den Vorschlag gemacht, dass sich alle verstecken sollten.
- Sie hatten sich alle versteckt.

Seite 100

Aufgabe 3:

melden – Präsens		flankt – Präsens	
laufen – Präsens		köpft – Präsens	
ist – Präsens		faustet – Präsens	
ist – Präsens		tritt – Präsens	
spielen – Präsens		kommt herein – Präsens	
waren – Präteritum		wehrt ab – Präsens	
haben gegeben – Perfekt		schießt – Präsens	
wurde erzielt – Präteritum (Passiv)		hätte erwartet – (Konjunktiv) Plusquamp.	

war – Präteritum		läuft – Präsens	
stürmt – Präsens		wird beenden – Futur I	
sind – Präsens		lässt – Präsens	
schafft – Präsens		zittern – Präsens	
ist angebrochen – Perfekt		ertönt – Präsens	
hat – Präsens		ist – Präsens	
passt – Präsens		bleibt – Präsens	
umspielt – Präsens		geben zurück – Präsens	

Seite 101

1. Präsens
2. Präteritum
3. Plusquamperfekt
4. Futur I
5. Perfekt
6. Konjunktiv Plusquamperfekt
7. Präsens
8. Plusquamperfekt
9. Futur I
10. Perfekt

Seite 102

1.	ich kann	– ich konnte	– ich werde können
2.	ich bin	– ich war	– ich werde sein
3.	ich habe	– ich hatte	– ich werde haben
4.	ich gehe	– ich ging	– ich werde gehen
5.	ich bringe	– ich brachte	– ich werde bringen
6.	ich laufe	– ich lief	– ich werde laufen
7.	ich denke	– ich dachte	– ich werde denken
8.	ich mag	– ich mochte	– ich werde mögen
9.	ich werde	– ich wurde	– ich werde werden
10.	ich will	– ich wollte	– ich werde wollen
11.	ich fliege	– ich flog	– ich werde fliegen
12.	ich beiße	– ich biss	– ich werde beißen
13.	ich binde	– ich band	– ich werde binden
14.	ich bleibe	– ich blieb	– ich werde bleiben
15.	ich esse	– ich aß	– ich werde essen
16.	ich fechte	– ich focht	– ich werde fechten
17.	ich friere	– ich fror	– ich werde frieren
18.	ich hebe	– ich hob	– ich werde heben
19.	ich helfe	– ich half	– ich werde helfen
20.	ich rate	– ich riet	– ich werde raten
21.	ich schlage	– ich schlug	– ich werde schlagen
22.	ich schwöre	– ich schwor	– ich werde schwören
23.	ich wachse	– ich wuchs	– ich werde wachsen
24.	ich tanze	– ich tanzte	– ich werde tanzen
25.	ich lade	– ich lud	– ich werde laden

Seite 103

Der große Schreck

Im letzten Sommer **habe** ich etwas **erlebt**, was fast schlimm **ausgegangen wäre**. Es **war** kurz vor den Sommerferien. Ich hatte das Fahrrad, das meinem Bruder **gehört**, aus dem Keller geholt. Es **war** ziemlich heiß draußen, die Sonne stand hoch am Himmel. Ich fuhr mit dem Fahrrad schnell um die Ecke, damit mein Bruder es mir nicht wieder abnehmen konnte. Als ich am Markt **ankam**, **trat** ich auf den Rücktritt und **wollte** vor der Ampel **abbremsen**. Ganz gemütlich **hatte** ich das Rad **anhalten wollen**. Doch ich merkte, dass meine Füße ins Leere **traten**, ich **konnte** die Kette rückwärts **drehen**. Ich **konnte** so nicht mehr bremsen. Nun **versuchte** ich auch, die Handbremse zu ziehen. Das **war** vergeblich. Die Handbremse **funktionierte** nicht. Dicht neben mir **fuhr** ein Lastwagen, die Ampel **war** schon nahe. Es **war** einfach schrecklich. Ich **kam** immer mehr von der geraden Richtung **ab**. Ich **fuhr** direkt auf den Fußweg, um im Park auf die Wiese **zu kommen**. Zwei Fußgänger **sprangen** entsetzt zur Seite. Doch dann **kam** die Rettung. Ich **fuhr** in einen Busch. Das Fahrrad **stürzte um** und ich **fiel** in einem Bogen in den Strauch. Zum Glück **habe** ich nur ein paar Schrammen abbekommen. Ziemlich angeschlagen und kleinlaut humpelte ich nach Hause. Dort **erfuhr** ich, dass mein Bruder dabei **war**, die Bremsen des Fahrrades zu reparieren, aber damit noch nicht fertig geworden **war**.

Seite 104

Aufgabe 1:

Präsens (Passiv) – Präteritum (Passiv) – Präsens

Aufgabe 2: *(Beispiele)*

Die Schule **fing** gestern erst um 10 Uhr **an**. (Präteritum)
Die Schule **hat** gestern erst um 10 Uhr **angefangen**. (Perfekt)
Die Schule **hatte** gestern erst um 10 Uhr **angefangen**. (Plusquamperfekt)
Die Schule **wird** morgen erst um 10 Uhr **anfangen**. (Futur I)
Die Schule **würde** morgen erst um 10 Uhr **anfangen**, wenn … (Konditional (Ersatzform für Konjunktiv II))

Aufgabe 3:

• Man verwendet das **Präsens,**
um Gegenwärtiges, also das, was im Augenblick geschieht, zu beschreiben.

• Man verwendet das **Präteritum,**
um Vergangenes, also das, was bereits geschehen ist, zu beschreiben.

• Man verwendet das **Perfekt** (vollendete Gegenwart),
um einen Vorgang zu beschreiben, der vorbei ist, sich aber noch bis in die Gegenwart auswirkt. Beispiel: „Mensch, bin ich erschrocken, mir zittern jetzt noch die Knie."

• Man verwendet das **Plusquamperfekt** (vollendete Vergangenheit),
um Vorgänge zu beschreiben, die schon vor der erzählten Vergangenheit geschehen sind. Beispiel: „Ich sagte dir doch gestern, dass ich vor zwei Jahren etwas Ähnliches erlebt hatte."

• Man verwendet das **Futur,**
um Zukünftiges, also das, was noch geschehen wird, zu beschreiben.

Seite 105

Aufgabe 4:

• Ich laufe. – Ich bin gelaufen. – Ich werde laufen.
• Sie gewinnt. – Sie hat gewonnen. – Sie wird gewinnen.
• Die Band spielt gut. – Die Band hat gut gespielt. – Die Band wird gut spielen.
• Es lohnt sich. – Es hat sich gelohnt. – Es wird sich lohnen.
• Der Sturm wütet. – Der Sturm hat gewütet. – Der Sturm wird wüten.
• Die Lottozahlen werden gezogen. – Die Lottozahlen sind gezogen worden. – Die Lottozahlen werden gezogen werden.
• Der Unfallhelfer ist schnell. – Der Unfallhelfer ist schnell gewesen. – Der Unfallhelfer wird schnell sein.
• Heute frieren wir. – Gestern haben wir gefroren. – Morgen werden wir frieren.
• Der Klang ist gut. – Der Klang ist gut gewesen. – Der Klang wird gut sein.

Aufgabe 5:

• Der Musiker sagte, dass du gut sängest.
• Der Reiseleiter gab bekannt, dass die Koffer am Flughafen getragen werden.
(Hinweis: Da der Konjunktiv „werden" nicht vom Indikativ unterschieden werden kann, ist hier als Ersatz auch der Konditional I „würden" möglich.)
• Mein Vater meinte, ich solle heute Abend nicht so spät kommen.

Seite 110

Das menschliche Handeln

• <u>Der Mensch</u> ist das einzige Lebewesen, das über sein eigenes Handeln bewusst nachdenken kann.
Frage: Wer oder was ist das einzige Lebewesen, das …? Der Mensch.
Hinweis: Nicht jedes Satzglied im Nominativ ist auch Subjekt. In diesem Satz zum Beispiel gibt es zwei Nominative: der Mensch und das einzige Lebewesen. Der Mensch ist hier Subjekt und das einzige Lebewesen ist eine Ergänzung des Prädikats.
• Er scheint daraus bisher keine Lehren gezogen zu haben.
Frage: Wer oder was scheint bisher keine Lehren daraus gezogen zu haben? – Er.

Hinweis: Hier bildet das Personalpronomen das Subjekt. Gemeint ist natürlich *der Mensch* aus dem Satz zuvor (ein weiterer Hinweis darauf, dass *der Mensch* Subjekt des ersten Satzes ist).

- Beim Lesen der Tageszeitung kann man bereits früh morgens erkennen, dass die Menschlichkeit Schaden nimmt.
  Frage: Wer oder was kann es erkennen? – *Man.*

- Im Vergleich zum Elend der Flüchtlinge und Hungernden in aller Welt sind unsere täglichen Probleme wirklich unbedeutend.
  Frage: Wer oder was ist unbedeutend? – *Unsere täglichen Probleme.*

- Trotzdem ist das laute Jammern darüber bei uns an der Tagesordnung.
  Frage: Wer oder was ist an der Tagesordnung? – *Das laute Jammern.*

- Mit regelmäßigen Spenden an die vielen Hilfsorganisationen beruhigen wir unser schlechtes Gewissen.
  Frage: Wer oder was beruhigt sein schlechtes Gewissen? – *Wir.*

- Trotzdem nehmen einige wenige Bürger die Not ernst.
  Frage: Wer oder was nimmt die Not ernst? – *Einige wenige Bürger.*

- Sie setzen sich persönlich ein, indem sie bei den Hilfsorganisationen aktiv mitwirken.
  Frage: Wer oder was setzt sich persönlich ein? – *Sie.*

Seite 111

Schlaginstrumente

- Schlaginstrumente gehören sicher zu den ältesten Instrumenten der Menschheit.
  Frage: Wer oder was gehört zu den ältesten Instrumenten der Menschheit? – *Schlaginstrumente.*

- Schon die Urmenschen haben auf unterschiedliche Weisen Schlaglaute erzeugt.
  Frage: Wer oder was hat Schlaglaute erzeugt? – *Die Urmenschen.*

- Diesen Urtrieb des „Schlagzeugspiels" kann man bei jedem Kleinkind beobachten.
  Frage: Wer oder was kann es beobachten? – *Man.*

- Hat es irgendeinen Stock zur Verfügung, wird es alsbald damit schlagen.
  Frage: Wer oder was hat einen Stock zur Verfügung? *Es.*
  Frage: Wer oder was wird alsbald damit schlagen? *Es.*
  Hinweis: Gemeint ist in beiden Hauptsätzen *das Kleinkind* aus dem Satz zuvor.

- Überlieferte Darstellungen beweisen, dass es bereits vor 4000 Jahren Trommeln gegeben hat.
  Frage: Wer oder was beweist ...? – *Überlieferte Darstellungen.*

- Bei vielen Eingeborenenvölkern haben Forscher die große Bedeutung von Trommeln beobachtet.
  Frage: Wer oder was hat beobachtet? – *Forscher.*

- Zum Teil haben sie magische Kräfte, zum Teil dienen sie auch der Nachrichtenübermittlung.
  Frage: Wer oder was hat magische Kräfte? – *Sie.*
  Frage: Wer oder was dient auch der Nachrichtenübermittlung? – *Sie.*
  Hinweis: Gemeint sind in beiden Hauptsätzen *die Trommeln* aus dem Satz zuvor.

- Selbst die Trommelform ist schon vorgegeben und hat sich kaum verändert.
  Frage: Wer oder was ist schon vorgegeben und hat sich kaum verändert? – *Die Trommelform.*

- Der runde Körper aus Holz und das gespannte Fell bringen eine Luftsäule zum Klingen.
  Frage: Wer oder was bringt eine Luftsäule zum Klingen? – *Der runde Körper aus Holz und das gespannte Fell.*
  Hinweis: Das Subjekt kann aus mehreren Substantiven bestehen.

- Dieses Prinzip lässt sich uneingeschränkt auf unsere modernen Drums übertragen.
  Frage: Wer oder was lässt sich übertragen? – *Dieses Prinzip.*

- So besteht das heutige Schlagzeug aus einer Mischung von Membranophonen und Idiophonen.
  Frage: Wer oder was besteht aus einer Mischung ... ? – *Das heutige Schlagzeug.*

- Bei Membranophonen entsteht der Ton durch das Schlagen auf eine gespannte Haut.
  Frage: Wer oder was entsteht? – *Der Ton.*

- Bei Idiophonen klingt das Material selbst.
  Frage: Wer oder was klingt von selbst? – *Das Material.*

Seite 112

Die Hammond-Orgel

Die Erfindung der Hammond-Orgel beruhte auf einer Reihe von Zufällen. **Ihr Erfinder** – der Amerikaner Laurens Hammond – war ein allseitig interessierter Tüftler, der Maschinenbau- und Elektrotechnik studiert hatte. Bereits davor hatte **er** Patente angemeldet. Neben seinem Studium verfasste **er** erfolgreich ein Drehbuch für einen Film. In einer Firma für Schiffsmotoren angestellt, erfand **er** 1920 eine Uhr, deren lärmender Antrieb durch ein Gehäuse abgedämpft wurde. **Diese Erfindung** wurde ein Erfolg, und **Hammond** machte sich als Erfinder selbstständig.
Über verschiedene Stationen ging es weiter mit seiner Karriere: Entwicklung eines Gleichlaufmotors – Erfindung der rotgrünen 3-D-Brille – Umwandlung des Wechselstroms in Gleichstrom fürs Radio durch die so genannte A-Box – die elektrische Uhr – 1928 Gründung der Hammond-Clock-Company. **Das Geschäft** mit den elektrischen Uhren lief aber nicht besonders und brachte die Firma bald an den Rand des Bankrotts. Immer wieder beschäftigte **Hammond** sich mit seinem Gleichlaufmotor und Überlegungen, wo der am sinnvollsten einzusetzen sei.
Etwa 1933 gingen **seine Ideen** hin zu einer musikalischen Anwendung. Der Tone-Wheel-Generator, das Herzstück der

Arbeitsblätter Grammatik für die Sek. I

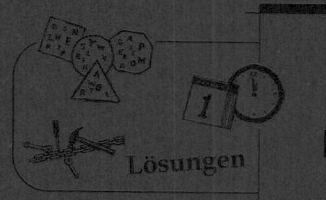
Hammond-Orgel, war geboren. Darunter war ein kleines, auf einer Motorwelle konzentrisch befestigtes Rad zu verstehen. **Dieses Rad** von der Größe eines Zweimarkstückes war jedoch nicht glatt am Rand, sondern sah aus wie ein Zahnrad. **Es** drehte sich vor einem Elektromagneten. **Wer** gut im Physikunterricht aufgepasst hat, kann nachvollziehen, was dabei passierte. **Es** geht dabei um das Thema „Stromdurchflossene Leiter im Magnetfeld". **Hammond** zog daraus die richtigen Schlüsse. Nach weiteren Experimenten mit Magneten, Drahtspulen und Strom konnte **er** schließlich in einem Radio den verstärkten Strom über Lautsprecher hörbar machen. **Die Versuchsanordnung** erzeugt Schallwellen, also Töne. **Hammond** hatte durch seine Experimente das Prinzip aller Musikinstrumente erfasst, nach dem bestimmte Schwingungsmuster in Töne umgewandelt werden. Nun war **es** ihm gelungen, dies unter Einsatz elektrischer Energie darzustellen.

Seite 113

fett = Prädikate
underlined: unterstrichen = Satzkerne

Die alten Römer und ihre Stadtgründungen

Die alten Römer **gründeten** an vielen Plätzen neue Städte. Dabei **wurden** oft die alten Dörfer dem Erdboden **gleichgemacht**. Vor der Gründung der Stadt Köln **hatten** dort die Ubier **gelebt**. Sie **wurden** von den Römern allerdings nicht **vertrieben**, sondern in die Stadt **aufgenommen**. Schon bei der Gründung einer Stadt **setzten** die Römer die Größe und die Einwohnerzahl **fest**. Die Stadtplaner **gliederten** danach die Baufläche der Städte. Wohnhäuser, Läden, Plätze, Tempel, öffentliche Einrichtungen, Kanalisation und Verkehrswege **entstanden** alle genau nach Plan. In den Außenbezirken der Städte **wurden** in der Regel die Wohnhäuser **errichtet**, die allgemeinen Einrichtungen *(„die allg. Einricht." ist hier Subjekt eines unvollständigen Satzes, in dem das Prädikat „wurden errichtet" eingespart wurde)* im Zentrum. Auf Grund vieler Ausgrabungen **wurden** Gegenstände **gefunden**, durch die man die Planung der Römer **nachvollziehen konnte**. So **kann** man in vielen Römermuseen entlang des Rheins die Grundrisse von Römerstädten **bewundern**. Die alten Römergründungen Köln und Xanten **sind** daher immer wieder Ausflugsziele für Schulklassen.

Seite 114

Aufgabe 1 und 2: *(Beispiele)*

Das Flugzeug landet.   – Wer oder was landet?
Meine Schule brennt.   – Wer oder was brennt?
Sie redet.   – Wer oder was redet?

Aufgabe 3:

Wer oder was ist ein Verkehrsmittel?
In diesem Satz ist das Prädikat mehrteilig. Es besteht aus dem Hilfsverb sein und der Prädikatergänzung.

Aufgabe 4:

Die Stewardess ist freundlich. Der Pilot hat Kopfweh. Die Reisenden unterhalten sich. Das Unwetter kommt näher. Das Flugzeug muss ausweichen. Der Flug dauert länger. Endlich können sie landen.

Aufgabe 5:

Ein Satz, der verständlich sein soll, muss aus mindestens zwei Satzgliedern bestehen, nämlich aus **Subjekt** und **Prädikat**. Fehlt das **Subjekt**, weiß man nicht, **um wen oder was es geht**. Fehlt das **Prädikat**, weiß man nicht, **was ist oder was geschieht**. Das Prädikat gibt an, **wie oder was das Subjekt ist, was es tut, oder was mit ihm geschieht**. Es besteht aus einem **Verb** oder einem Hilfs**verb mit Ergänzung**.

Seite 115

Jagd auf das Wollhaarnashorn

- Die beiden Eiszeit-Jäger **haben sich** heute einen unangenehmen Gegner **ausgesucht**.
- Das Wollhaarnashorn **begegnet** ihnen selten.
- Lieber **gehen** sie ihm aus dem Weg.
- Es **kann angreifen** wie eine Dampfwalze.
- Andererseits **ist** das Wollhaarnashorn eine wertvolle Beute.
- Es **liefert** zum Beispiel die langen, zotteligen Haare.
- Sie **lassen sich** hervorragend zu einer wärmenden Lagerstatt **verarbeiten**.
- Und von dem Fleisch **kann** die Sippe nie genug **bekommen**.
- Die Hörner und die Knochen **können** für die Herstellung von Werkzeugen **verwendet werden**.
- Mit einem spitzen Knochensplitter **kann** man gut durch Leder **hindurchbohren**.
- Für die Herstellung von Bekleidung **bietet** das ganz neue Möglichkeiten.
- Wie **sollen** sie an dieses riesige Tier **herankommen**?
- Die Jäger **wissen**, dass es einen ausgezeichneten Geruchssinn **hat**.
- Sie **müssen sich** dem Tier am besten immer gegen die Windrichtung **nähern**.
- Aber zwei Jäger **sind** für ein solch großes Nashorn zu wenig.
- Mit mehr Männern **klappt** es beim nächsten Mal gewiss besser.

Seite 116

- Sven hilft seiner Mutter.
  - **seiner Mutter** (Dativ-Objekt)
- Lena macht ihre Hausaufgaben.
  - **ihre Hausaufgaben** (Akkusativ-Objekt)
- Die Schulmannschaft läuft auf den Platz.
  - **den Platz** (Akkusativ-Objekt)
- Inga fährt Rad.
  - **Rad** (Akkusativ-Objekt)
- Er schämte sich seines Missgeschicks.
  - **seines Missgeschicks** (Genitiv-Objekt)

- Die Klasse hörte der Klassensprecherin zu.
  - **der Klassensprecherin** (Dativ-Objekt)
- Man gedachte des Toten.
  - **des Toten** (Genitiv-Objekt)

Ihre Art zu sprechen war merkwürdig.
Der Vater meines Freundes hat eine neue Stelle.
Ich habe selten ein so schön gemaltes Bild gesehen.
Das Haus des Mannes, eines Handwerkers, war gepflegt.

Seite 117

unterstrichen = **Genitiv-Objekt**

1. Der Angeklagte ist des Diebstahls überführt.
2. Er schämt sich seiner Tat.
3. Der Richter waltet seines Amtes.
4. Der Angeklagte harrt seines Urteils.

Seite 118

unterstrichen = **Dativ-Objekt**

1. Die Mieterin begegnet der Nachbarin.
2. Die Nachbarin begegnet dem Zeitungsboten.
3. Der Postbote begegnet dem Hausmeister.
4. Der Hausmeister begegnet dem Heizungsmonteur.
5. Der Heizungsmonteur gibt dem Lehrling einen Auftrag.

Seite 119

unterstrichen = **Akkusativ-Objekt**

1. Die Katze fängt eine Maus.
2. Die Katze frisst sie.
3. Der Löwe jagt das Gnu.
4. Das Gnu sieht den Löwen.
5. Das Tier findet einen Ausweg.

Seite 120

unterstrichen = **Akkusativ-Objekt**

Da geht der Herr nun selbst hinaus
und macht gar bald ein End daraus.
Der Teufel holt den Henker nun,
der Henker hängt den Schlächter nun,
der Schlächter schlacht' den Ochsen nun,
der Ochse säuft das Wasser nun,
das Wasser löscht das Feuer nun,
das Feuer brennt den Prügel nun,
der Prügel schlägt den Pudel nun,
der Pudel beißt den Jockel nun,
der Jockel schneid't den Hafer nun
und kommt auch gleich nach Haus.

Seite 121

Aufgabe 2:
unterstrichen = **Attribut**

Hast du schon wieder ein neues Handy?
Unser Klassenlehrer ist sehr gewissenhaft.

Seite 122

Seit zwei Jahren (adverbiale Bestimmung der Zeit) hat Sabine
einen Computer. Mit der Textverarbeitung (adverbiale Bestimmung der Art und Weise) schreibt sie ihre Referate für die
Schule. In der Schule (adverbiale Bestimmung des Ortes)
nimmt sie an der Informatik-AG teil. Aber sie arbeitet lieber
zu Hause am PC (adverbiale Bestimmung des Ortes), denn
die Schulcomputer sind in jeder Hinsicht (adverbiale Bestimmung der Art und Weise) veraltet. Letzte Woche (adverbiale
Bestimmung der Zeit) hat ihr Vater ihr ein Modem gekauft,
um ihr den Einstieg ins Internet zu ermöglichen (Adverbialsatz). Wegen der Telefonrechnung (adverbiale Bestimmung
des Grundes) macht sie sich keine Sorgen, denn sie will
nicht stundenlang (adverbiale Bestimmung der Zeit) online
sein. Vielmehr soll ihr das weltweite Web zur schnellen
Informationsbeschaffung (adverbiale Bestimmung des Grundes) dienen. Nun sucht sie noch einen günstigen Provider für
den Zugang. In einem Computer-Magazin (adverbiale Bestimmung des Ortes) hat Sabine gelesen, dass man sich auch
durch Call-by-Call (adverbiale Bestimmung der Art und Weise)
einwählen kann. Sie will sich aber vor ihrer Entscheidung
(adverbiale Bestimmung der Zeit) noch mal bei Bekannten
(adverbiale Bestimmung des Ortes) umhören, die bereits im
Netz (adverbiale Bestimmung des Ortes) sind.

Seite 123

Aufgabe 1:

Im letzten Sommer erschien in der Nähe eines australischen
Strandes regelmäßig eine größere Gruppe Wale. Schnell
sprach sich das Ereignis unter den Bewohnern eines nahe
gelegenen Ortes herum und bald reisten auch Touristen an,
um die Wale aus der Nähe zu beobachten. Den einheimischen Fischern war es recht, denn sie konnten ihre Boote mit
zahlungskräftigen Auswärtigen füllen. Unter Naturschützern
gab es eine heftige Diskussion. Die einen meinten, es sei
besser, die Wale in Ruhe zu lassen. Andere vertraten die Auffassung, nur mit den Touristen zusammen sei der Schutz
möglich. Nach wenigen Wochen jedenfalls war der Rummel
am Strand und auf dem Wasser enorm. Doch plötzlich, eines
Morgens, waren die Wale nicht mehr da. Enttäuscht zogen
die Schaulustigen ab und die Fischer schrieben ihren Zusatzverdienst in den Wind. Eine Woche später fuhr ein Einwohner
mit seinem Jeep am Strand entlang zum nächsten Ort, der
gut 10 Kilometer entfernt ist. Auf halbem Weg kam er nicht
weiter. Tote Wale mit ihren massigen Körpern versperrten
ihm den Weg. Die Walgruppe war wohl panisch vor dem
Rummel geflohen und hatte den Weg aus der Bucht ins
offene Meer nicht gefunden.

Aufgabe 2:

1. Wann? Wie lange? Wie oft?
im letzten Sommer
regelmäßig
bald
nach wenigen Wochen
plötzlich eines Morgens
eine Woche später

2. Wo? Woher? Wohin?
in der Nähe eines australischen Strandes
unter den Bewohnern eines nahe gelegenen Ortes
unter Naturschützern
am Strand und auf dem Wasser
nicht mehr da
in den Wind
am Strand entlang
zum nächsten Ort
auf halbem Weg
aus der Bucht
ins offene Meer

3. Wie? Womit? Wodurch?
schnell
mit zahlungskräftigen Auswärtigen
in Ruhe
nur mit den Touristen zusammen
enttäuscht
mit seinem Jeep
mit ihren massigen Körpern
panisch

4. Warum? Wozu? Weshalb?
um die Wale aus der Nähe zu beobachten

- Die adverbialen Bestimmungen in **Spalte 1**
  heißen Temporalbestimmungen.
- Die adverbialen Bestimmungen in **Spalte 2**
  heißen Lokalbestimmungen.
- Die adverbialen Bestimmungen in **Spalte 3**
  heißen Modalbestimmungen.
- Die adverbialen Bestimmungen in **Spalte 4**
  heißen Kausalbestimmungen.

Aufgabe 3:

Ausdruck mit Präposition:
im letzten Sommer
nach wenigen Wochen
in der Nähe eines australischen Strandes
unter den Bewohnern eines nahe gelegenen Ortes
unter Naturschützern
am Strand und auf dem Wasser
am Strand entlang
in den Wind
zum nächsten Ort
auf halbem Weg
aus der Bucht
ins offene Meer

mit zahlungskräftigen Auswärtigen
in Ruhe
nur mit den Touristen zusammen
mit seinem Jeep
mit ihren massigen Körpern
um die Wale aus der Nähe zu beobachten

Substantivgruppe:
plötzlich eines Morgens
eine Woche später

Adverb/Adjektiv:
bald
panisch
schnell
regelmäßig
enttäuscht

(Hinweis: Alle Adjektive, die in einer adverbialen Bestimmung gebraucht werden, sind adverbial gebrauchte Adjektive.)

Wortkombination:
nicht mehr da

Seite 124

Aufgabe 1:

Frage: **Wer oder was** wurde auf goldgeschmückten Sänften getragen?
Benennung: **Subjekt**

Frage: **Wen oder was** benutzten die Inkas als Lasttiere?
Benennung: **Akkusativ-Objekt**

Frage: **Wem** opferten sie?
Benennung: **Dativ-Objekt**

Frage: **Was** tat der Inkakönig am Galgen?
Benennung: **Prädikat**

Frage: **Wessen** Krieger sind es?
Benennung: **Genitiv-Attribut**

Frage: **Was waren** die Inkas?
Benennung: **Ergänzung des Prädikats (Nominativ)**

Frage: **Worüber** berichteten die spanischen Eroberer?
Benennung: **Präpositional-Objekt**

Frage: **Wen oder was hatte** der Inkakönig?
Benennung: **Akkusativ-Objekt**

Frage: **Wem** verdankte der Inkakönig den Reichtum?
Benennung: **Dativ-Objekt**

Lösungen *für die Seiten 125–127*

Seite 125

Aufgabe 1:

Die Bausteine unserer Sprache sind die **Wörter**. Wenn man einige dieser Bausteine zusammenfügt, werden daraus die **Satzglieder**. Ein Satzglied heißt Satzgegenstand oder auch **Subjekt**. Man fragt danach mit der Frage „**wer**" oder „**was**"? Fügt man mehrere verschiedene Satzglieder zusammen, so entsteht ein **Satz**. Der kleinste mögliche Satz wird aus **Subjekt** und **Prädikat** gebildet. Ohne das **Prädikat** ist der Satz unvollständig. Es gibt an, **was passiert**. Man fragt nach dem **Prädikat** mit der Frage „**was tut**" oder „**was passiert**"?

Aufgabe 2:

a) Hunde und Katzen *(Hinweis: Das Subjekt kann aus mehreren Substantiven bestehen!)*

b) die Eule   c) ich   d) er   e) meine Oma

f) sie   g) Hackfleisch   h) das

Aufgabe 3:

a) Substantive   b) Substantiv
c) Personalpronomen   d) Personalpronomen
e) Substantiv mit Possessivpronomen   f) Personalpronomen
g) Substantiv   h) Demonstrativpronomen

Seite 126

- Fußgänger *(Substantiv)* – **Subjekt** – gehen *(Verb)* – **Prädikat** – oft *(Adverb)* bei Rot *(substantiviertes Adjektiv mit Präposition)* über die Straße *(Substantiv mit Artikel und Präposition)* – **Ergänzung** –

- Autofahrer *(Substantiv)* – **Subjekt** – starten *(Verb)* – **Prädikat** – an den Ampeln *(Substantiv mit Artikel und Präposition)* zu früh *(Adverb)* – **Ergänzung** –

- Genervte Lastwagenfahrer *(Adjektiv und Substantiv)* – **Subjekt** – machen *(Verb)* – **Prädikat** – ihrem Ärger *(Substantiv mit Possessivpronomen)* Luft *(Substantiv)* – **Ergänzung** –.

- Teile des Prädikats können nach dem Subjekt und am Ende des Satzes stehen. In Fragesätzen kann das Prädikat auch am Anfang stehen.

- Subjektausdrücke können aus den Wortarten Substantiv, Pronomen, Artikel und Adjektiv bestehen.

- Die verschiedenen Arten der Ergänzung sind hier Objekte, bzw. Substantive, Adverbien, Präpositionen und Possessivpronomen.

Seite 127

Aufgabe 1:

- Der NW-Lehrer *(Subjekt)* experimentierte *(Prädikat)* im Physikraum *(adverbiale Bestimmung des Ortes)*.
- Hans *(Subjekt)* repariert *(Prädikat)* den Motor *(Akkusativ-Objekt)*.
- Eva *(Subjekt)* hilft *(Prädikat)* ihrer Freundin *(Dativ-Objekt)*.

- Die Schülervertreter *(Subjekt)* enthielten sich *(Prädikat)* ihrer Stimme *(Genitiv-Objekt)*.
- Der Mieter *(Subjekt)* verstieß *(Prädikat)* gegen die Hausordnung *(Präpositional-Objekt (Akkusativ))*.
- Köln *(Subjekt)* liegt *(Prädikat)* am Rhein *(adverbiale Bestimmung des Ortes)*.
- Die Sitzung *(Subjekt)* dauerte *(Prädikat)* den ganzen Tag *(adverbiale Bestimmung der Zeit)*.
- Der Himmel *(Subjekt)* ist *(Prädikat)* blau *(Prädikats-ergänzung)*.
- Der Brand *(Subjekt)* entstand *(Prädikat)* aus Unacht-samkeit *(adverbiale Bestimmung des Grundes)*.
- Die Bank *(Subjekt)* gewährte *(Prädikat)* dem Kunden *(Dativ-Objekt)* einen Kredit *(Akkusativ-Objekt)*.
- Der Richter *(Subjekt)* beschuldigte *(Prädikat)* den Ange-klagten *(Akkusativ-Objekt)* des Diebstahls *(Genitiv-Objekt)*.
- Er *(Subjekt)* bat *(Prädikat)* seine Tante *(Akkusativ-Objekt)* um Nachricht *(Präpositional-Objekt (Akkusativ))*.
- Das Ergebnis *(Subjekt)* stimmte *(Prädikat)* die Lehrerin *(Akkusativ-Objekt)* nachdenklich *(Prädikatsergänzung)*.

Aufgabe 2:

- Der Spieler tritt den Ball. **Akkusativ-Objekt**
- Der Meister gibt dem Auszubildenden einen Auftrag. **Dativ-Objekt**
- Am Morgen sah es noch nach Regen aus. **Adverbiale Bestimmung der Zeit**
- Die Kinovorstellung war ausverkauft. **Subjekt**
- Täglich lese ich Zeitung. **Prädikat**
- Aus Mitleid spendete sie für die Kinder in Afrika. **Adverbiale Bestimmung des Grundes**
- In der Disko ging es heiß her. **Adverbiale Bestimmung der Art und Weise**
- Meine Brötchen kaufe ich sonntags am Bahnhof. **Adverbiale Bestimmung des Ortes**
- Das Geld des Lottogewinners wurde gut angelegt. **Genitiv-Attribut**
- Ein Fotomodell achtet immer auf seine schlanke Linie. **Präpositional-Objekt (Akkusativ)**
- Noch niemals war die alte Frau im Ausland gewesen. **Prädikat**
- Das Essen beim Italiener schmeckt immer wieder gut. **Subjekt mit Präpositionalattribut**
- Gerti träumt den ganzen Tag im Geschäft von Norbert. **Adverbiale Bestimmung der Zeit + adverbiale Bestimmung des Ortes + Dativ-Objekt**
- Johann Wolfgang von Goethe kaufte einen gebrauchten VW. **Akkusativ-Objekt**
- Der Schauspieler gab dem Affen Zucker. **Dativ-Objekt**
- Michael Jackson hat auch einen Affen. **Subjekt**
- Anfang Mai verschrieb der Arzt dem Patienten eine Kur. **Adverbiale Bestimmung der Zeit + Dativ-Objekt + Akkusativ-Objekt**
- Die Fete dauerte bis Mitternacht. **Prädikat + adverbiale Bestimmung der Zeit**
- Im Urlaub fuhr er nach Griechenland. **Adverbiale Bestimmung der Zeit + Prädikat + Subjekt + adverbiale Bestimmung des Ortes**

Arbeitsblätter Grammatik für die Sek. I

Seite 128

Aufgabe 1:

Ein vollständiger Satz muss mindestens aus **Subjekt** und **Prädikat** bestehen.

Das **Subjekt** ist die Satzerweiterung im 1. Fall.
Man fragt danach: **wer oder was?**

Das **Genitiv**-Objekt ist die Satzerweiterung im 2. Fall.
Man fragt danach: **wessen?**

Das **Dativ**-Objekt ist die Satzerweiterung im 3. Fall.
Man fragt danach: **wem?**

Das **Akkusativ**-Objekt ist die Satzerweiterung im **4. Fall.**
Man fragt danach: **wen oder was?**

Das **Präpositional**-Objekt ist eine Satzerweiterung in Verbindung mit einer **Präposition**.

Aufgabe 2:

- Übung *(Subjekt)* macht *(Prädikat)* den Meister *(Akkusativ-Objekt)*.
- Ich *(Subjekt)* helfe *(Prädikat)* meiner Freundin *(Dativ-Objekt)*.
- Die Oma *(Subjekt)* erzählt *(Prädikat)* den Enkeln *(Dativ-Objekt)* eine Geschichte *(Akkusativ-Objekt)*.
- Der Professor *(Subjekt)* hielt *(Prädikat)* einen Vortrag *(Akkusativ-Objekt)* über Australien *(Präpositional-Objekt)*.
- Der Wagen *(Subjekt)* des Karnevalvereins *(Genitiv-Attribut)* war herrlich geschmückt *(Prädikat)*.
- Dieses Arbeitsblatt *(Subjekt)* bereitet *(Prädikat)* mir *(Dativ-Objekt)* keine Schwierigkeiten *(Akkusativ-Objekt)*.
- Ich *(Subjekt)* freue mich *(Prädikat)* auf die nächsten Aufgaben *(Präpositional-Objekt)* meines Lehrers/ meiner Lehrerin *(Genitiv-Attribut)*.

Seite 129

Aufgabe 1:

1. Wessen Auto?
2. Wann geschah der Einbruch?
3. Was taten wir gestern?
4. Wen oder was fraß der Wolf?
5. Wer oder was ist im Märchen ganz anders?
6. Wo lag Dornröschen?
7. Was tat Knecht Ruprecht?
8. Wer oder was küsste eine Prinzessin?

Aufgabe 2:

1. Subjekt, adverbiale Bestimmung des Ortes
2. Prädikat
3. Akkusativ-Objekt
4. Dativ-Objekt
5. Adverbiale Bestimmung der Art und Weise
6. Adverbiale Bestimmung des Ortes

Seite 130

Aufgabe 2: *(Fortsetzung von Seite 129)*

7. Genitiv-Attribut
8. Adverbiale Bestimmung der Zeit, adverbiale Bestimmung des Ortes
9. Adverbiale Bestimmung des Grundes
10. Präpositional-Objekt (Akkusativ)

Aufgabe 3:

1. Das Objekt, das auf die Frage „wem?" antwortet, heißt **Dativ-Objekt**.
2. Die adverbiale Bestimmung des Grundes ermittelt man mit Fragen wie: „warum?", „wozu?", „weshalb?"
3. Attribute haben die Aufgabe, **Substantive, Adjektive oder Adverbien im Satz näher zu bezeichnen oder zu beschreiben**.
4. Ein präpositionales Objekt ist **ein Objekt, das mit einer Präposition gebildet wird**.
5. Der kleinste mögliche Satz wird von den Satzgliedern **Subjekt und Prädikat** gebildet.

Seite 131

Aufgabe 1:

a) <u>Franz</u> schläft gerne lange.
Frage: **Wer schläft gerne lange?**
b) Häufig kommt <u>er</u> zu spät zur Schule.
Frage: **Wer kommt häufig zu spät zur Schule?**
c) <u>Seine Mutter</u> schimpft immer mit ihm.
Frage: **Wer schimpft immer mit ihm?**
d) <u>Sie</u> will ihn jetzt immer wecken.
Frage: **Wer will ihn jetzt immer wecken?**

Aufgabe 2:

Die Frage nach dem Prädikat eines Satzes lautet: **Was tut?**

Aufgabe 3 (Beispiele):

a) Das Auto <u>rast</u> über die Autobahn.
Frage: **Was tut das Auto?**
b) Die Polizei <u>hält</u> den Fahrer <u>an</u>.
Frage: **Was tut die Polizei?**
c) Er <u>flucht</u>.   Frage: **Was tut er?**
d) Glücklicherweise <u>verursachte</u> er keinen Unfall.
Frage: **Was tat er (glücklicherweise nicht)?**

Seite 132

Aufgabe 4:

- Das Subjekt ist ein **Satzglied**.
- Es antwortet auf die Frage **wer oder was?**
- Das Subjekt zeigt uns, **wer der Verursacher oder Täter einer Sache ist**.
- Das Prädikat ist ebenfalls ein **Satzglied**.
- Es sagt uns, **was jemand oder etwas tut**.
- Weder Subjekt noch Prädikat können alleine **einen Satz bilden**.

Aufgabe 5:

Das Subjekt eines Satzes kann durch die Wortart
Pronomen ersetzt werden.

Seite 133

Aufgabe 1:

- Der Schüler erhielt eine schlechte Note, und zu Hause
  bekam er noch Ärger. **Satzverbindung**
- Meine Freundin machte sich bemerkbar, indem
  sie heftig winkte. **Satzgefüge**
- Die Schule fällt heute aus, weil alle Lehrer krank sind.
  Satzgefüge
- Ich gehe ins Kino, oder ich gehe zum Fußball.
  Satzverbindung
- Ich kann nicht kommen, denn ich fühle mich nicht wohl.
  Satzverbindung

Aufgabe 2:

- Weil der Blitz einschlug, brannte es.
- Er grüßte den Gast, indem er sich höflich verneigte.
- Der Formel-1-Fahrer hatte gute Chancen,
  da er in der Pole-Position startete.
- Als sie sich nicht mehr verstanden, trennten sie sich.

Seite 134

- Die Amtszeit des Bundespräsidenten dauert fünf Jahre, aber
  sie kann noch einmal um fünf Jahre verlängert werden.
- Der Bundestag verabschiedet die Gesetze, aber sie treten
  erst nach der Unterzeichnung durch den Bundespräsiden-
  ten in Kraft.
- Frankreich erlebte 1788/89 den kältesten Winter des
  Jahrhunderts, denn noch niemals war das Thermometer
  unter –20 Grad Celsius gefallen.
- In Paris standen in bitterer Kälte Frauen und Kinder vor
  den Bäckerläden Schlange, aber oft mussten sie ohne
  Brot wieder abziehen.
- Das Volk hungerte, aber der Adel feierte fröhlich Feste.

- Am Morgen des 14. Juli 1789 versammelte sich eine
  empörte Menge vor der Bastille, denn in den Gefängniszellen sollten Hunderte von Gefangenen schmachten.
- Am Nachmittag besetzten die Aufrührer das Gefängnis,
  aber sie fanden nur sieben Gefangene vor.

a) 10 Uhr ist Beginn der Fütterung im Zoo, aber der Wärter
   ist noch nicht da.
b) Die Besucher werden schon ungeduldig, aber endlich
   kommt der Tierpfleger.
c) Die Seelöwen haben schon zwei Eimer Heringe gefressen,
   aber sie sind immer noch hungrig.
d) Eine Tierpflegerin schiebt den Wagen mit Fleisch in die
   Raubtierhalle, aber sie hat den Schlüssel vergessen.
e) Die Löwen lagen ruhig in der Ecke, aber jetzt brüllen
   sie laut durch die Halle.

f) Schnell verschlingen die Tiere das Fleisch, aber
   scheinbar sind sie immer noch hungrig.

Beispiele:
a) Das Betreten des Rasens ist erlaubt, aber die
   Blumenbeete dürfen nicht betreten werden.
b) Bei uns ist es im Sommer manchmal heiß, aber
   in Spanien ist es heißer.
c) Das Schiff war verloren, aber die Mannschaft war gerettet.
d) Es regnete in Strömen, aber gleichzeitig schien die Sonne.

Seite 135

Die Beatles *(Beispieltext)*

In den Jahren nach 1960 entstand eine neue Musikrichtung,
die Beat genannt wurde. Der Beat hatte seinen Ursprung in
Liverpool, einer Arbeiterstadt. Dort war es keine Seltenheit,
dass junge Leute in Kellern laute Musik machten, aber nur
selten waren diese Bands auch außerhalb bekannt. Auch die
Beatles hatten ihren Anfang in ihrer Heimatstadt Liverpool.
Die einzelnen Mitglieder hatten bereits in mehreren anderen
Bands gespielt, bevor sie sich kennen lernten. Sie waren alle
keine Meister im Gitarrenspiel, da sie sich das Spielen selbst
beigebracht hatten, aber mit der Zeit fanden sie ihren eigenen Stil. Das Stampfen und Hämmern *(englisch: beat)* war
charakteristisch für ihre Musik.
Ihre Karriere begann mit einem Auftritt im „Starclub", einem
Beatschuppen in Hamburg. Obwohl sie zu der Zeit in London
noch völlig unbekannt waren, galten sie in Hamburg als die
Attraktion aus England.
Als sie bald danach in England ihren ersten Song „Love me
do" als Platte herausbrachten, landeten sie damit gleich in
der Hitparade. Die Fachwelt war erstaunt über diese völlig
unbekannte Gruppe, und die Beatles wurden als Aufsteiger
in der Musikwelt gefeiert. Als die erste LP folgte, dauerte es
nicht lange, und die ganze Welt war verrückt nach den
Beatles. Die sogenannte „Beatlemania" machte sich breit
und wuchs von Erfolg zu Erfolg. Das Schreien und Weinen
der Mädchen bei den Konzerten war häufig so laut, dass es
die Musik übertönte. Während John, Paul, George und Ringo
als erfolgreichste Gruppe gefeiert wurden und Anerkennung
in der ganzen Musikwelt genossen und ihre Platte „Sergeant
Pepper" als völlig neu und großartig und als noch nie da gewesener Stil und Sound in der Popmusik bejubelt wurde, zer-
brach die Gruppe innerlich an der Eigenwilligkeit, dem Starruhm, der Einsamkeit und den finanziellen Unklarheiten, die
sich zwischen den einzelnen Mitgliedern breit machten. Nach
der Auflösung der Beatles nach dem Tod des Managers Brian
Epstein versuchten einige von ihnen, Solokarrieren aufzubau-
en. Heute sind die Beatlesplatten nach wie vor begehrt und
ihre Lieder gelten als Evergreens.

Seite 136

Der Wasserneck

In einer Winternacht gingen drei Besenschnitzer von Königshofen nach Aschaffenburg, wo sie auf dem Markt ihre Besen verkaufen wollten. Um rechtzeitig in der Stadt zu sein, mussten sie lange vor Tag von daheim fort, und sie schritten mit dem schweren Bündel auf der Schulter über den knirschenden Schnee.

Bald verspürten sie schon Müdigkeit und ließen sich am Bachufer auf ihre Birkenreiser nieder und ruhten aus. Es war bitterkalt, der Bach führte Eis, und plötzlich vernahmen die drei in dem gefrorenen Bach ein heftiges Poltern, als ob jemand mit großen Eisbrocken würfe.

Die Männer, für gewöhnlich ohne Furcht, erschraken aber doch bei dem Lärm, der wie Donnerkrachen aus dem Bache durch die nächtliche Stille erscholl. Denn ein jeder musste unwillkürlich an den Wasserneck denken, der hier im Bach wohnen sollte.

Etliche Leute in der Umgegend hatten einige Mal seine Rufe vernommen. „Hoho, hoho!" schrie er in finsterer Nacht; und die Menschen wichen ihm aus, weil er als tückisch galt, und nicht leicht wagte es jemand, sich in der Nähe der Kahl über ihn lustig zu machen.

Nun mussten die drei Königshofer Männer, um ihren Weg fortzusetzen, über den Bach, und da wollte auf dem Steg keiner der Erste oder der Letzte sein. Endlich sprach der Jüngste im Scherz zu einem seiner Begleiter: „Hannes, geh du voraus, du bist ein frommer Mann, dir tut der Wasserneck nichts. Ich will der Letzte sein; denn der Wassermann und ich sind alte Freunde."

Also betraten sie den Steg. Sie waren auch schon fast hinüber, da packte den jungen Burschen, welcher zuletzt schritt, der blanke Übermut, und er rief spottend: „Ei, gebt Acht, dass euch der Wassermann nicht holt! Hoho, Herr Wassermann, hoho!"

Kaum hatte er diese Worte ausgesprochen, fasste ihn eine unsichtbare Hand und riss und zog ihn durchs Eis hinunter in die kalte Flut. Wie die zwei anderen erschraken! Sie wagten nun keine Silbe mehr zu sprechen, solange sie nicht fern des Baches waren. Und nach dem Verkauf ihrer Besen gingen sie heimwärts nicht mehr über den Steg, sondern sie suchten lieber auf einem Umweg in ihr Dorf zu gelangen.

Seite 137

Die Schnecke und der Zug

Eine Schnecke, die an einem Bahndamm wohnte, ärgerte sich alle Tage über einen Schnellzug. Wenn er vorbeibrauste, erschreckte er sie. „Warte, du Lümmel, das werde ich dir austreiben", sagte sie eines Tages. Sie stellte sich zwischen die Schienen und schrie voll grimmen Mutes: „Niederstoßen werde ich dich!" Der Zug kam und brauste über sie hinweg. Sie drehte sich erbost um und rief ihm völler Erregung nach: „Er hält mir nicht stand, er ist ein Feigling!"

Die Kaulquappe und der Weißfisch

Eine Kaulquappe hatte einen Weißfisch geehelicht. Als ihr Beine wuchsen und sie ein Frosch zu werden begann, sagte sie eines Morgens zu ihm: „Martha, ich werde jetzt bald einer Berufung aufs Festland nachkommen müssen; es wird angebracht sein, dass du dich beizeiten daran gewöhnst, auf dem Lande zu leben." „Aber um Himmels willen!" rief der Weißfisch verstört, „bedenke doch, Lieber: meine Flossen! Die Kiemen!" Die Kaulquappe sah seufzend zur Decke empor. „Liebst du mich, oder liebst du mich nicht?" „Ei, aber ja", hauchte der Weißfisch ergeben. „Na also", sagte die Kaulquappe.

Der Esel und der Wolf

Ein Esel begegnete einem hungrigen Wolf. Der Wolf solle Mitleid mit ihm haben, sagte der zitternde Esel. Er sei ein armes, krankes Tier, der Wolf möge nur sehen, was für einen Dorn er sich in den Fuß getreten habe. Er tue ihm wahrhaftig leid, erwiderte der Wolf, und er fühle sich durch sein Gewissen verpflichtet, ihn von diesen Schmerzen zu befreien. Was dann geschah? Kaum hatte er es ausgesprochen, so zerriss er den Esel.

Seite 138

Aufgabe 1:

a) Einige Turmcafes sind so gebaut, dass sie sich in einer Stunde um 360 Grad drehen.

b) In dieser Weise gewähren sie dem Besucher, der auf seinem Platz sitzen bleibt, einen Ausblick in alle Himmelsrichtungen.

c) Bei schönem Wetter sind die Restaurants oft überfüllt, da der Ausblick bei klarer Sicht reizvoll ist.

Aufgabe 2:

Fernsehtürme

Der Eiffelturm wurde für die Pariser Weltausstellung 1889 erbaut. Viele Jahrzehnte lang war er der höchste Turm der Welt. Doch durch den UKW-Funk und die Erfindung des Fernsehens waren die Ingenieure bald gezwungen, höhere Türme zu bauen, denn die Reichweite der Sender ist abhängig von der Höhe des Sendeturms. Nach 1950 setzte sich das Fernsehen in allen Industriestaaten durch. Fernsehtürme mit 200–500 Meter Höhe wurden gebaut, darunter die ersten Türme mit Sendebetrieb in Deutschland, in Dortmund und Stuttgart, deren Höhe nur von dem rund 150 Meter höheren Berliner Fernsehturm übertroffen wird. Der Berliner Fernsehturm ist 360 Meter hoch. In viele Fernsehtürme wurden Restaurants gebaut, die den Fremdenverkehr ankurbeln sollten. Aus 200 Meter Höhe lässt sich dort der Blick auf Städte und Landschaften aus der Vogelperspektive genießen. Alle Besucher sind von diesem Weitblick begeistert.

Seite 139

Mahlzeit!

Mahlzeit!

Was gibt es denn heute zu essen?

Das Essen ist das gleiche wie jeden Freitag.

Hoffentlich ist das Essen gut gewürzt.

Würdest du bitte nicht so drängeln?

Die Zeit ist knapp bemessen, da muss man drängeln.

Wie gut, dass wir endlich Pause haben!

Danke, ich hätte lieber nicht so viel Fleisch auf
meinem Teller.

Warum denn das, hast du einen Spatzenmagen?

Nein, ich habe keinen Spatzenmagen, ich werde zu dick.

Möchtest du auch etwas von dem Salat haben?

Ja klar möchte ich etwas von dem Salat haben, und zwar
eine ordentliche Portion.

Was möchtest du trinken?

Ich würde gerne Wasser trinken.

Dort drüben ist ein Platz frei, dahin können wir uns setzen.

Endlich. Zu sitzen tut so gut!

Ich wünsche dir einen guten Appetit.

Das wünsche ich dir auch.

Seite 140

Ägyptenreise

Wer zum ersten Mal nach Ägypten reist **(dieser gesamte
Nebensatz steht hier an der Stelle des Subjekts des Haupt-
satzes, er heißt daher auch Subjektsatz oder Gliedsatz)**,
landet in der Regel mit dem Flugzeug auf dem Flughafen von
Kairo **(Hauptsatz)**. Kairo ist die drittgrößte Stadt der Welt mit
18–20 Millionen Einwohnern im Großraum **(Hauptsatz)**.
Schon beim Landeanflug lässt sich diese Größe ahnen
(Hauptsatz), da man nach Einbruch der Dämmerung sehr lange über einem unendlichen Lichtermeer kreist **(Kausalsatz)**.
Nach der ersten Nacht im Hotel wird man dann am nächsten
Morgen als Mitteleuropäer in eine völlig fremde Welt hineingeworfen **(Hauptsatz)**, die man erst einmal verarbeiten muss
(Relativsatz). Der Verkehr ist abnorm **(Hauptsatz)**! Autos und
Taxis ohne Ende, Sammelbusse **(Hinweis: hier fehlt eigentlich der Zusatz „es gibt", folglich ist dies ein grammatikalisch unvollständiger Hauptsatz Teil I)**, in die die Menschen
förmlich hineingestopft sind **(eingeschobener Relativsatz)**,
Menschenmassen **(grammatikalisch unvollständiger Hauptsatz Teil II)**, wohin man auch schaut **(dieser Nebensatz hat
die Funktion einer adverbialen Bestimmung des Ortes, er
heißt daher auch Adverbialsatz oder Gliedsatz)**. Die Polizisten **(Hauptsatz Teil I)**, die überall auf den Kreuzungen stehen
(eingeschobener Relativsatz), gestikulieren wild und bedienen ausgiebig ihre Trillerpfeifen **(Hauptsatz Teil II)**. Aber man
weiß nicht **(Hauptsatz)**, was sie eigentlich regeln **(dieser
Nebensatz hat die Funktion eines Objekts (Akkusativ-Objekt
zu „man weiß", er heißt daher auch Objektsatz oder Gliedsatz)**. Zwar gibt es auch hin und wieder Ampeln **(Hauptsatz)**,
aber Rot ist in Ägypten nur eine Farbe **(Hauptsatz)**.

Niemand hält vor einer roten Ampel **(Hauptsatz)**. Alle fahren
und gehen aus allen Richtungen über die riesigen Straßen-
kreuzungen **(Hauptsatz)**, wie sie wollen **(dieser Nebensatz
hat die Funktion einer adverbialen Bestimmung der Art und
Weise, er heißt daher auch Adverbialsatz oder Gliedsatz)**,
aber es funktioniert **(Hauptsatz)**.
Noch fremder wird es **(Hauptsatz)**, begibt man sich einmal
weg von den üblichen Touristenpfaden in die engen Seitenstraßen der Stadtviertel **(Konditionalsatz)**. Das islamische
Viertel von Kairo ist durchzogen von solchen Straßen **(Hauptsatz)**, die den Basar **(Relativsatz Teil I)**, das Einkaufszentrum
der Einheimischen **(Hinweis: kein Nebensatz, sondern Apposition)**, bilden **(Relativsatz Teil II)**. Hier wird man über weite
Strecken kaum einem Touristen begegnen **(Hauptsatz)**. Es ist
eng, vollgestopft mit Menschen, Tieren, Transportgeräten und
Waren und voller sinnlicher Eindrücke **(Hauptsatz)**. Aber
auch der Fremde **(Hauptsatz Teil I)**, der sich hierher verirrt
oder ganz bewusst die Gegend aufgesucht hat **(eingeschobener Relativsatz)**, begegnet freundlichen Menschen **(Hauptsatz Teil II)**, die einen Gruß sofort erwidern **(Relativsatz)**.
Natürlich wittern sie auch ein Geschäft **(Hauptsatz)** und animieren oft genug zum Handel **(Hauptsatz)**. Und auch das
Wort „Bakschisch" (kleine Schmiergelder) hört man mehr als
einmal **(Hauptsatz)**. Am besten nimmt man diese Eindrücke
in sich auf **(Hauptsatz)**, indem man sich in eine der überall
gegenwärtigen Teestuben setzt und den Trubel rundherum
als stiller Beobachter genießt **(Modalsatz)**.
Natürlich werden in Kairo auch die Sehenswürdigkeiten
angesteuert **(Hauptsatz)**. Erste Adresse für den Reisenden
ist das Ägyptische Museum mit seiner einzigartigen und
unüberschaubaren Sammlung von altägyptischen Hinterlassenschaften **(Hauptsatz)**. Besonders die Abteilung **(Hauptsatz
Teil I)**, in der die Grabbeigaben des Pharaos Tutanchamun
ausgestellt sind **(eingeschobener Relativsatz)**, ist überlaufen
(Hauptsatz Teil II). Eine besondere Stimmung umgibt einen
beim Betreten der klimatisierten Räume **(Hauptsatz)**, in
denen die Mumien einiger Pharaonen aufgebahrt sind
(Relativsatz). Es ist schon merkwürdig **(Hauptsatz)**, wenn
man dem großen Ramses II. im Zustand seines konservierten
Todes gegenübersteht **(Konditionalsatz)**. Ob er sich das
damals so gedacht hat **(Fragesatz)**?
Nicht zuletzt ist der Besuch der großen Pyramiden bei Giseh
angesagt **(Hauptsatz)**. Giseh ist ein Vorort von Kairo geworden,
(Hauptsatz) und die Pyramiden **(Hauptsatz Teil I)**, einstmals
allein auf weiter Flur **(dieser eingeschobene unvollständige
Nebensatz (es fehlt das Prädikat) hat die Funktion eines Attributs, er heißt daher auch Attributsatz oder Gliedsatz)**, sind
nun eingekreist von den Stadtrandsiedlungen **(Hauptsatz Teil
II)**. Die schiere Größe dieser Bauwerke erschlägt einen fast
(Hauptsatz), wenn man davor steht **(Konditionalsatz)**. Wenn
man Glück hat **(Konditionalsatz)**, kann man auch das Innere
der Pyramiden besichtigen **(Hauptsatz)**. Besonders bei der
Cheops-Pyramide ist das beeindruckend **(Hauptsatz)**. Aber es
ist auch unglaublich anstrengend **(Hauptsatz)**, und Menschen
(Hauptsatz Teil I), die in engen Räumen Probleme haben **(eingeschobener Relativsatz)**, sollten sich auf dieses Besichtigungsabenteuer ohnehin nicht einlassen **(Hauptsatz Teil II)**.

Arbeitsblätter Grammatik für die Sek. I

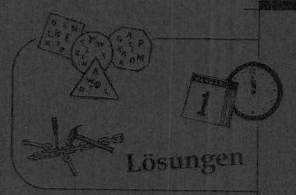
Seite 141

Aufgabe 1:

a) Der Polizist konnte den Dieb ergreifen,
   als dieser flüchten wollte. Art: **Temporalsatz**
b) Obwohl es stark regnete, machten wir eine Wanderung.
   Art: **Konzessivsatz**
c) Wenn ich einmal reich bin, kaufe ich mir ein Haus.
   Art: **Konditionalsatz**
d) Ich wartete an der Bushaltestelle,
   wo mein Vater mich abholte. Art: **Lokalsatz**
e) Weil die Schule umgebaut wird,
   bleibt sie drei Monate geschlossen. Art: **Kausalsatz**

Aufgabe 2:

Möchtest du mir etwas zum Geburtstag schenken? Wenn ja, wünsche ich mir eine Modelleisenbahn; einen Computer, groß und leistungsstark; einen Sportanzug mit Tennisschläger; einen Satz Tennisbälle; ein paar Turnschuhe, gute aus Leder; einen Videorekorder und drei Filme, lange und teure. *(Hinweis: Statt des Semikolons ist immer auch ein Komma möglich.)*

Aufgabe 3:

Konjunktionen, vor denen immer ein Komma steht, sind: **aber, allein, (je)doch, nur, vielmehr, sondern.**

Aufgabe 4:

a) Hallo, komm doch mal her!
b) Paul, mein älterer Bruder, feiert morgen
   seinen Geburtstag.
c) Die Eingangstür, blau und grün bemalt,
   fiel mir sofort auf.
d) Hans, reiche mir bitte die Zeitung!
e) Bananen, nein, die mag ich nicht.

Aufgabe 5:

Du kaufst ein: vier Rouladen, vier Paprikaschoten, zwei rote Tomaten, zwei grüne Tomaten, zwei dicke Zwiebeln, zwei Knoblauchzehen.
Außerdem benötigst du zwei Esslöffel Sojasoße, eine halbe Tasse ungeschlagene Sahne; zwei Teelöffel Curry, zwei Teelöffel Öl, eine Prise Salz.

Seite 142

Gut gebaut

Wer einen Satz bauen will, benötigt einen Satzbauplan und Baumaterial. Das Baumaterial sind die **Wörter**: Substantive, Verben, Artikel, Adjektive usw.
Der Satzbauer fügt die vielen einzelnen Wörter sorgfältig zusammen. Es entstehen **Satzglieder** und damit die **Satzteile** des Satzes. Die Satzteile werden zu mindestens einem **Hauptsatz** und beliebig vielen **Nebensätzen** zusammengefügt. Der Satz wächst mit jedem Nebensatz. Gleichzeitig kann es im Satz Besonderheiten, wie z.B. **Gliedsätze** geben. Schließlich erhält der Satz noch die richtige Punktation

(Kommas usw.). So ist aus vielen einzelnen Wörtern ein großes **Satzgefüge** geworden, das je nach Ausführung am Ende sehr einfach oder sehr kompliziert werden kann.

Seite 143

Wortarten

Sabine	*Substantiv*	Ronja	*Substantiv*
gehen	*Verb*	treffen	*Verb*
Sommer	*Substantiv*	wo	*Konjunktion*
Freundin	*Substantiv*	sich	*Reflexivpronomen*
ihre	*Possessivpronomen*	alle	*Indefinitpronomen*
im	*Präposition*	Klasse	*Substantiv*
und	*Konjunktion*	der	*Artikel*
ins	*Präposition*	immer	*Adverb*
Freibad	*Substantiv*	aus	*Präposition*

Satzglieder

- Wer oder was tut etwas?
  Sabine und ihre Freundin Ronja – **Subjekt**
- Was geschieht?
  sie gehen – **Prädikat**
- Wann geschieht es?
  im Sommer – **adverbiale Bestimmung der Zeit**
- Auf welches Ziel ist das Geschehen gerichtet?
  ins Freibad – **adverbiale Bestimmung des Ortes**

Sätze

- Aus den oben bestimmten Satzgliedern entsteht folgender Satz: **Sabine und ihre Freundin Ronja gehen ins Freibad.**
- Der Satz ist vollständig und kann alleine stehen. Es ist der **Hauptsatz.** Er kann durch einen weiteren angehängten Satz näher bestimmt werden.

Satzgefüge

- Der gebildete, näher zu bestimmende Satz aus den Wörtern oben lautet: **wo sich alle aus der Klasse im Sommer immer treffen.**
- Dieser Satz kann nicht alleine stehen. Es ist der **Nebensatz.** Hauptsatz und **Nebensatz** bilden ein Satzgefüge.

Seite 144

Die (Artikel) + Reisenden (Substantiv) = Satzglied Subjekt
steigen (Wortart Verbteil) = Satzglied Prädikat
schnell (Wortart Adjektiv) = Satzglied adverbiale Bestimmung der Art und Weise
ein (Wortart Verbteil) = Satzglied Prädikat
Verb: einsteigen

Die kleinsten Bausteine eines Satzes sind die **Wörter.**
Einzelne **Wörter** oder **Wortgruppen** bilden die Teile eines Satzes. Diese Teile heißen **Satzglieder**, zum Beispiel **Subjekt**, **Prädikat** oder **Objekt**. Mehrere von ihnen zusammengefügt bilden einen vollständigen Satz. Ein Satz muss aber mindestens **Subjekt** und **Prädikat** enthalten.

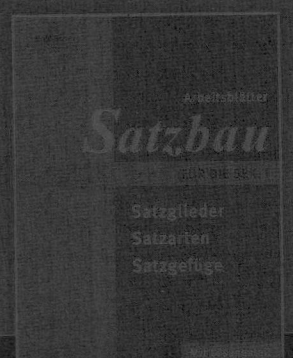

**Arbeitsblätter Satzbau
für die Sek I**
Satzglieder, Satzarten und Satzgefüge
Rolf Esser
Kl. 5–10, 162 S., A4, Paperback
ISBN 978-3-8346-0024-0
Best.-Nr. 60024
23,– € (D)/23,65 € (A)/40,30 CHF

Grammatik mit Bewegung
30 Grammatik-Spiele zum besseren Lernen
Karola Wittschier, Michael Wittschier
Kl. 5–8, 64 S., A4, Pappheffer
ISBN 978-3-86072-768-3
Best.-Nr. 2768
17,– € (D)/17,50 € (A)/29,90 CHF

**Das 5-Minuten-
Rechtschreibtraining**
Monika Gysel
Kl. 5–7, 92 S., A4, Paperback
Vertrieb in der Schweiz: KuK-Verlag, Buchs
ISBN 978-3-8346-0027-1
Best.-Nr. 60027
19,– € (D)/19,50 € (A)

**Das große Übungsbuch
zur Rechtschreibung**
Informationen, Spiele, Übungen, Lernzirkel
Thomas Klotz
Kl. 5–13, 169 S., A4, Paperback
ISBN 978-3-8346-0219-0
Best.-Nr. 60219
20,– € (D)/20,50 € (A)/35,– CHF

**Das Rechtschreibprogramm:
Üben, Einprägen, Kontrollieren**
Arbeitsblätter mit Lösungen
Margrit Demmel
Kl. 5–7, 88 S., A4, Paperback + Regelheft, 80 S., Pb.
ISBN 978-3-8346-0043-1
Best.-Nr. 60043
23,– € (D)/23,65 € (A)

Arbeitsblätter Deutsch
Literatur, Lyrik, eigene Texte
Rolf Esser
Kl. 6–10, 96 S., A4, Pappheffer
ISBN 978-3-927279-87-2
Best.-Nr. 0987
19,50 € (D)/20,– € (A)/34,20 CHF

**Das große Arbeitsbuch
Literaturunterricht**
Lyrik, Epik, Dramatik
Rolf Esser
Kl. 8–11, 173 S., A4, Paperback
ISBN 978-3-8346-0234-3
Best.-Nr. 60234
23,– € (D)/23,65 € (A)/40,30 CHF

Sprache(n) lernen mit Methode
170 Sprachspiele für den Deutsch- und
Fremdsprachenunterricht
Alexandra Piel
Für alle Schulstufen, 189 S., 16 x 23 cm, Paperback
ISBN 978-3-86072-740-9
Best.-Nr. 2740
16,– € (D)/16,45 € (A)/28,– CHF

Grammatik • Rechtschreiben • Textproduktion